Management der dynastischen Unternehmerfamilie

Tom A. Rüsen · Heiko Kleve ·
Arist von Schlippe

Management der dynastischen Unternehmerfamilie

Zwischen Familie, Organisation und Netzwerk

Tom A. Rüsen
WIFU
Universität Witten/Herdecke
Witten, Deutschland

Heiko Kleve
WIFU
Universität Witten/Herdecke
Witten, Deutschland

Arist von Schlippe
WIFU
Universität Witten/Herdecke
Witten, Deutschland

ISBN 978-3-662-63499-8 ISBN 978-3-662-63500-1 (eBook)
https://doi.org/10.1007/978-3-662-63500-1

Die Deutsche Nationalbibliothek verzeichnet diese Publikation in der Deutschen Nationalbibliografie; detaillierte bibliografische Daten sind im Internet über http://dnb.d-nb.de abrufbar.

Planung/Lektorat: Christine Sheppard
Springer Gabler ist ein Imprint der eingetragenen Gesellschaft Springer-Verlag GmbH, DE und ist ein Teil von Springer Nature.
Die Anschrift der Gesellschaft ist: Heidelberger Platz 3, 14197 Berlin, Germany

Vorwort von Dennis T. Jaffe[1]

Sie sind dabei, liebe Leserin, lieber Leser, in eine Sphäre einzutauchen, die trotz ihres privaten Charakters erheblichen Einfluss auf den Handel, den Warenverkehr und die Unternehmenslandschaft in Deutschland und der ganzen Welt hat. Sie werden etwas über das Wesen, die Organisation und die Beziehungen innerhalb großer multigenerationaler Unternehmerfamilien erfahren, die viele der größten Wirtschaftsunternehmen ihr Eigentum nennen oder kontrollieren. Dieses Buch verdeutlicht den Einfluss dieser dynastischen Großfamilien auf ihre Unternehmen und beleuchtet ihre Ziele, Verhaltensweisen, Werte und Visionen.

Typischerweise werden Familienunternehmen als eigentümergeführte Unternehmen wahrgenommen, in denen einzelne Familienmitglieder mitarbeiten und Führungspositionen bekleiden. Diesem Bild entsprechen Familienunternehmen allerdings nur in ihrer Gründungsphase. Wenn sie über Generationen hinweg enorm erfolgreich sind, wächst die Zahl der Familienmitglieder und Haushalte, die am Eigentum beteiligt sind, jedoch exponentiell. Ein kleines Unternehmen diversifiziert und expandiert global, die Familie investiert in andere Unternehmen und gründet gemeinnützige Organisationen. Irgendwann ist die Anzahl der Familienmitglieder so hoch und die Unternehmen sind so spezialisiert, dass eine Mitarbeit oder eine Anstellung nicht mehr erwartet wird. Anstatt ein einziges

[1] Dennis T. Jaffe, PhD, ist Professor Emeritus der Saybrook University in San Francisco, USA. Er hatte für 35 Jahre die Professur für *Organizational Systems and Psychology* inne und gilt als einer der Begründer der Forschung zu Unternehmerfamilien weltweit (https://dennisjaffe.com/bio/). Neben seiner Tätigkeit in Forschung und Lehre im Bereich des Familienunternehmertums berät er über den gesamten Globus Familienunternehmen und Unternehmerfamilien seit über 40 Jahren. Als Autorenteam haben wir uns sehr über Dennis' spontane Bereitschaft, ein Vorwort beizutragen, gefreut, und möchten uns an dieser Stelle noch einmal sehr herzlich bei ihm dafür bedanken.

Unternehmen zu leiten, ist die Großfamilie an verschiedensten Organisationen beteiligt, die börsennotierte Unternehmen und familienexterne Gesellschafter mit einschließen können.

Welche Bedeutung und Stellung nimmt also die Familie bei diesem großen Unterfangen ein? Das vorliegende Buch zeigt auf, wie äußerst erfolgreiche Unternehmerfamilien aufgestellt sein können. Verliert die Familie mit wachsendem Unternehmenserfolg an Bedeutung? Keineswegs! Das große und diversifizierte Familienunternehmen weist andere Wesensmerkmale als das inhabergeführte Familienunternehmen auf, da es durch die Anwesenheit und den Einfluss engagierter und werteorientierter Familieneigentümer geprägt wird.

Hält eine Großfamilie alle Eigentumsanteile an „ihrem" Unternehmen, unterscheidet sich das betreffende Unternehmen grundlegend von anderen Unternehmensformen, insbesondere von anonymen Publikumsgesellschaften. Die Familieneigentümer weisen zwei Besonderheiten auf, die wesentlichen Einfluss auf die Geschäftspolitik des Unternehmens ausüben: Erstens verfügt die Eigentümerfamilie über ein gemeinsames Erbe sowie persönliche Beziehungen untereinander, die jenseits des Unternehmens bestehen. Aufgrund dieser Beziehungen teilen die Familienmitglieder außerdem ein gemeinsames Vermächtnis, Werte und Interessen, die über rein finanzielle Ziele hinausgehen. Sie haben einen Ruf zu verteidigen und erachten es als wichtig, dass auch nachfolgende Generationen für die damit verbundenen Werte einstehen. Sie kümmern sich dabei nicht nur um das Wohlergehen des Unternehmens, sondern auch um die Bedürfnisse der anderen Familienmitglieder, was sich maßgeblich auf die Geschäftspolitik auswirkt. Zweitens teilen die Mitglieder der Unternehmerfamilie den Wunsch, den Erfolg des Unternehmens langfristig zu sichern und an nachfolgende Generationen weiterzugeben. Daher verstehen sie sich – im Gegensatz zu Investoren – als eine Art „Hüter", die aufgrund ihrer Bereitschaft, den Erfolg und die Werte des Familienunternehmens langfristig zu sichern, auf kurzfristige Renditen verzichten.

Dieser Unterschied entsteht, weil mehrgenerationale Familienunternehmen ein Gesamtkonstrukt aus zwei sehr unterschiedlichen sozialen Systemen darstellen: einem Unternehmen und einer Familie. Jedes dieser sozialen Systeme hat seine eigene Kultur und Struktur. Demzufolge resultieren die Komplexität und Herausforderungen einer Unternehmerfamilie aus dem Willen der Eigentümer, die Wertevorstellungen der Familie mit den Zielen eines produktiven und nachhaltigen Unternehmens zu verbinden.

Unternehmerfamilien sind jedoch keine getrennt voneinander lebenden Haushalte oder aufwachsenden Kinder. Bereits in der dritten Generation befindet sich ein Familienunternehmen, das einst von einem visionären Unternehmer gegründet wurde, im Besitz von dutzenden Haushalten, wobei kein einzelner die Mehrheit der Eigentümeranteile hält. Während das Unternehmen nach außen hin als Eigentum einer einzigen Familie angesehen wird, sind die Anteile in Wahrheit auf mehrere, getrennt voneinander lebende Haushalte verteilt. Diese weisen dementsprechend auch unterschiedliche Werte, Zukunftsvorstellungen und auch Ansichten hinsichtlich der Geschäftspolitik des Familienunternehmens auf. Die meist öffentlich ausgetragenen Fehden oder Konflikte zwischen einzelnen Familienmitgliedern verdeutlichen, welchen zerstörerischen Einfluss eine Familie auf das Unternehmen haben kann. Zugleich verdeutlichen sie aber auch die Notwendigkeit, einen Prozess zu implementieren, der Streitigkeiten auflöst, bevor diese an die Öffentlichkeit gelangen und eine destruktive Wirkung entfalten. In der vierten Generation verbleiben oft wenige Unternehmerfamilien. Diese müssen in der Lage sein, die Familieneigentümer zusammenzubringen, um ihre Ansprüche und Bedürfnisse in einem zunehmend herausfordernden, unsicheren und instabilen Geschäftsumfeld in Einklang zu bringen. Jedoch sind viele Familien dazu nicht in der Lage und entscheiden sich für den Ausstieg aus dem Familienunternehmen. Schlussendlich bleiben nur die besten und engagiertesten Familienmitglieder übrig.

Dynastische Unternehmerfamilien, die sehr große, diversifizierte Unternehmen besitzen und kontrollieren, stehen vor einer doppelten Herausforderung: das Familienunternehmen in eine erfolgreiche Zukunft zu führen und gleichzeitig gemeinsame Ziel- und Wertevorstellungen der Familie zu wahren. Diese Anforderungen an die Unternehmerfamilie gehen über rein unternehmerische Herausforderungen hinaus, wie wir auf den folgenden Seiten sehen werden. Um die Balance zwischen Unternehmens- und Familieninteressen zu halten, müssen sich die Eigentümer sowohl als Familienmitglieder als auch als Eigentümer organisieren. Als wachsende Unternehmen brauchen sie Geschäftsführer und Eigentümer, die verantwortungsvoll handeln. Für Familienunternehmen erweist sich diese Aufteilung als traditionelle Art der Governance.

Aufgrund der persönlichen Beziehung zwischen den Familienmitgliedern stehen Familienunternehmen vor weiteren Herausforderungen: Sie müssen nichtfinanzielle Zielgrößen definieren und für das Unternehmen so organisieren, dass sie einen Mehrwert für die Familie schaffen und umsetzbar sind. Um diese Aufgabe erfolgreich zu bewältigen, muss sich die Familie als geschäftliche Einheit organisieren. Zu diesen Familienaktivitäten zählen neben dem feierlichen Gedenken an das Familienerbe auch die Festlegung gemeinsamer Ziele und Richtlinien für die Familie, die Arbeit im Unternehmen oder für die Übernahme von Führungsrollen. Darüber hinaus gehören die Durchführung von Weiterbildungen für die nächste Generation, die Umsetzung gemeinnütziger Projekte, das Verwalten von Vermögenswerten, die Gründung neuer Unternehmungen, die Vermögensverteilung und die Eigentumsübergabe zu den Aufgaben der Familienorganisation. Ein besonderes Augenmerk liegt dabei auf der Einigung über geeignete Konfliktlösungsmaßnahmen. Diese werden dann benötigt, wenn die Eigentümer jenseits der geschäftlichen Beziehung auch eine Verbindung zur Familie haben. Ist ein entsprechender Maßnahmenkatalog nicht vorhanden, übertragen sich Konflikte potenziell auf das Familienunternehmen oder umgekehrt, wodurch Spannungen auf beiden Seiten ausgelöst werden können. Die Familie eines Familienunternehmens muss demzufolge sowohl den Anforderungen der Familienführung als auch den Anforderungen der Unternehmensführung gerecht werden.

Die Praxisbeispiele in diesem Buch betreffen die Privatsphäre von dynastischen Unternehmerfamilien, die selten geteilt wird und sich im Allgemeinen der öffentlichen Wahrnehmung entzieht. Die Autoren hatten die Gelegenheit, einige äußerst erfolgreiche Familien zu interviewen und von ihnen zu lernen. Durch die Befragung von Familienmitgliedern und -oberhäuptern mehrerer Generationen sind sie in der Lage, die Dynamik von Familie und Unternehmen zu erfassen und das Denken und Handeln der betreffenden Familien in übergreifenden Kategorien nachzuzeichnen.

Unternehmerfamilien, die über Generationen hinweg groß und erfolgreich werden, müssen sich auch mit den Konsequenzen ihres Erfolgs auseinandersetzen. Dieser bietet der Familie und dem Unternehmen viele Vorteile, bürdet ihnen aber zugleich eine große Verantwortungauf. Mit jeder Generation werden Familienmitglieder volljährig oder durch Heirat Teil der Familie. Durch diese kontinuierlichen Veränderungen entstehen ständig neue familiäre und geschäftliche Herausforderungen, die Erfolg und Existenz des Familienunternehmens gefährden können. Indem sie von den Erfahrungen und dem Wissen dieser erfolgreichen dynastischen Unternehmerfamilien lernen, können Familien, die einen vergleichbaren Pfad einschlagen, absehen, was sie erwartet und rechtzeitig geeignete und vorbereitende Maßnahmen ergreifen. Freuen Sie sich darauf zu erfahren, wie es einigen beeindruckenden Unternehmerfamilien gelungen ist, Aufgaben mit einem Komplexitätsgrad zu bewältigen, der für viele von uns unvorstellbar ist![2]

[2] Das Vorwort wurde aus dem Englischen übersetzt von Dr. Ruth Orenstrat.

Vorwort von Torsten M. Pieper[3]

„Aussterben ist die Regel, Überleben ist die Ausnahme." Carl Sagans mahnende Worte werden durch die oft zitierte Statistik untermauert, dass weniger als drei Prozent der Familienunternehmen die dritte Generation oder rund 75 Jahre ihres Bestehens überleben.[4] Während diese Zahlen ernüchternd sind, gibt es reichlich Beispiele für Familienunternehmen, die seit Jahrhunderten, teilweise sogar seit weit über einem Jahrtausend bestehen und weiterhin florieren, wie die wohlbekannten Hénokiens-Unternehmen zeigen (www.henokiens.com). Diese Zahlen werden noch beeindruckender, wenn man sie mit den Überlebensraten von Organisationen vergleicht, die ohne Familieneinfluss sind. So zeigt eine Studie von McKinsey & Co.,[5] dass die durchschnittliche Lebensdauer von Unternehmen des

[3] Dr. Torsten M. Pieper ist Associate Professor of Management im Belk College of Business an der University of North Carolina in Charlotte, USA (https://scholar.google.com/citations?hl=en&user=frl_6-YAAAAJ). Er ist Präsident und Vorstand der International Family Enterprise Research Academy (IFERA), die weltweit größte Vereinigung von Forschern im Bereich Familienunternehmen, und Editor-in-Chief der Elsevier Zeitschrift *Journal of Family Business Strategy (JFBS)*, eine von nur zwei Fachzeitschriften weltweit, die wissenschaftliche Forschung zu Familienunternehmen publizieren. Mit Torsten verbindet uns eine über mehr als 10 Jahre währende Freundschaft. Seine Expertise im Bereich des Managements von Bindung und Zusammenhalt in Unternehmerfamilien war und ist für uns wegweisend. Wir freuen uns über sein Vorwort und bedanken uns für seine wertvollen Anregungen über viele Jahre hinweg.

[4] Beckhard & Dyer (1983). Leider fehlen systematische Untersuchungen, die die Überlebensmuster aller (Familien- und Nicht-Familien-) Unternehmen zusammen und über die Zeit hinweg vergleichen, so dass die Statistiken mit einer gewissen Vorsicht zu interpretieren sind. Es gibt jedoch erste Hinweise darauf, dass die Familie einen positiven Einfluss auf das Überleben von neuen Unternehmen ausübt.

[5] Garelli (2016)

Standard & Poor's (S&P) 500, einem Index der 500 führenden börsennotierten Unternehmen in den Vereinigten Staaten, von 90 Jahren im Jahr 1935 auf 61 Jahre im Jahr 1958 und auf weniger als 18 Jahre im Jahr 2016 gesunken ist.[6]

In Anbetracht dieser Zahlen lassen Familienunternehmen ihre nichtfamiliengeführten Pendants im unmittelbaren Vergleich blass aussehen. Doch was genau ist es, was die langlebigen Familienunternehmen von ihren nichtfamiliengeführten „Cousins" und von den unzähligen anderen Familienunternehmen unterscheidet, die nur über einen relativ kurzen Zeitraum am Markt bestehen können? Diese Frage beschäftigt mich seit den Anfängen meines Promotionsstudiums in den frühen 2000er-Jahren. Es ist auch eine Frage, mit der sich unsere geschätzten Kollegen am Wittener Institut für Familienunternehmen (WIFU) seit geraumer Zeit beschäftigen.[7] Es ist daher nicht überraschend und in der Tat höchst erfreulich, dass drei ihrer Vordenker, Arist von Schlippe, Tom Rüsen und Heiko Kleve, im vorliegenden Werk ihre neuesten Forschungserkenntnisse zum Thema präsentieren.

Langlebige Familienunternehmen überleben nicht zufällig. Was meine Forschung über Mehrgenerationen-Familienunternehmen in Deutschland mit einer breit gestreuten Eigentümerbasis, die manchmal mehrere Hundert Familienmitglieder umfasst, gezeigt hat – und inzwischen durch andere Studien bestätigt wurde – ist, dass das weitere Überleben des Familienunternehmens vom erfolgreichen Management der Eigentümerfamilie abhängt.[8] Insbesondere der Aufbau und die Aufrechterhaltung des Zusammenhalts innerhalb der großen, erweiterten Unternehmensfamilie kristallisierte sich als Schlüssel für die Langlebigkeit von Familienunternehmen heraus. Dieses Ergebnis deckt sich weitestgehend mit den in diesem Buch vorgestellten Ideen rund um das „Big Family Management". Auf der Grundlage eines mehrjährigen Forschungsprojekts, an dem sieben Unternehmerfamilien beteiligt waren, die sich in Bezug auf Größe (zwischen 120 und 700 Mitglieder), Alter (fünfte bis dreizehnte Generation), Organisation (drei hatten spezielle Family-Governance-Mechanismen), Unternehmensumsatz (zwischen zwei und 20 Mrd. EUR) und Branchenzugehörigkeit unterschieden, bringen Heiko, Arist und Tom die Diskussion auf die nächste Ebene, indem sie die früheren Publikationen zu diesem Thema ergänzen und um einige wichtige zusätzliche Erkenntnisse anreichern. Auf diese Weise werden die Forschung und Praxis von Familienunternehmen auf bedeutende und sinnvolle Weise gestärkt.

[6] McKinsey schätzt außerdem, dass bis zum Jahr 2027 75 % der Unternehmen, die derzeit im S&P 500-Index gelistet sind, verschwunden sein werden.

[7] Z. B. Plate et al. (2011); Rüsen et al. (2019); Simon et al. (2005); v. Schlippe et al. (2017).

[8] Pieper (2007).

Das Forschungsdesign und die zugrunde liegende Stichprobe für sich allein verdienen bereits Anerkennung. Der Zugang zu Mitgliedern von Unternehmerfamilien, der den Autoren aufgrund ihrer engen Verbindungen zu einem größeren Kreis von Familienunternehmen scheinbar mühelos gelingt, stellt für die meisten anderen Forscherinnen und Forscher eine erhebliche Herausforderung dar. Darüber hinaus ist die Sicherstellung der Mitwirkung und aktiven Unterstützung von Mitgliedern mehrerer Familien und ihrer Bereitschaft zur Teilnahme an Interviews, Workshops und regelmäßigen Fokusgruppentreffen über einen Zeitraum von drei Jahren bemerkenswert und spricht Bände über das Sozialkapital und die vertrauensvollen Beziehungen, die das WIFU über die Jahre unter seinen Mitgliedern kultiviert hat. Gerade in Zeiten, in denen die akademische Welt zunehmend unter dem Druck steht, „quick hits“ in wissenschaftlichen Zeitschriften zu landen, bilden tiefgehende Längsschnittanalysen, wie sie hier präsentiert werden, eher eine Ausnahme. Unseren Kollegen gebührt Lob dafür, dass sie sich diesem Trend widersetzen und den Wert und die Bedeutung aufzeigen, die eine konsequent durchgeführte Langzeitforschung hat, um sowohl für die Wissenschaft als auch für die Eigentümerfamilien selbst aussagekräftige Erkenntnisse zu liefern.

Das Untersuchungsfeld „Familienunternehmertum“ hat seit seinen Anfängen in den 1980er-Jahren erhebliche Fortschritte gemacht. Einige Daten deuten darauf hin, dass es sich um den am schnellsten wachsenden Bereich in der Forschung der Wirtschaftswissenschaften handelt.[9] Während sich der Großteil der Forschung in erster Linie auf die Unternehmensseite von Familienunternehmen konzentriert hat, waren die Universität Witten/Herdecke und insbesondere das WIFU Vorreiter bei der Betonung der entscheidenden Rolle, die die Familie innerhalb des Familienunternehmenssystems spielt. Das vorliegende Werk ist eine Fortsetzung dieser Pionierarbeit und bahnt einen Weg zu einem besseren Verständnis, wie Unternehmerfamilien sich und ihre Unternehmen für ein langfristiges Überleben organisieren. Zunächst veranschaulicht das Autorenteam, wie sich Unternehmerfamilien tendenziell von einer Kernfamilie 1.0 (typischerweise die Gründergeneration) über eine formal organisierte Unternehmerfamilie 2.0 in der zweiten oder dritten Generation bis hin zu einer großen, erweiterten Netzwerkfamilie 3.0 bewegen, die oft aus mehreren Hundert Mitgliedern besteht. Dies ist aus vielerlei Gründen eine nützliche Erkenntnis, nicht zuletzt, weil sie Unternehmerfamilien aller Typen zeigt, dass Überleben möglich ist und wahrscheinlicher wird, wenn es zielgerichtet gemanagt wird. Zu diesem Zweck stellen die Autoren sechs zentrale Punkte vor, die sich im Zuge ihrer Forschung für das Management von großen Unternehmerfamilien als zentral herauskristallisiert haben: Partizipation,

[9] Stewart & Miner (2011).

Kommunikation, Professionalisierung, Vermögensmanagement, Konfliktmanagement und eine Integration der verschiedenen Erkenntnisse in einen übergreifenden Rahmen. Jedem der sechs Themen ist ein Kapitel gewidmet, wodurch die Informationen leicht zu finden und modular nutzbar sind.

Wenn es darum geht, die menschliche Natur und das, was das Verhalten des Einzelnen und der Gruppe antreibt, zu definieren, hat es der Kampfpilot und Strategievordenker Col. John R. Boyd auf den Punkt gebracht, indem er sagte, dass das Ziel darin besteht, „... to survive on own terms, or improve our capacity for independent action".[10] Die faszinierenden Geschichten und Bilder der dynastischen Familien, die in diesem Buch vorgestellt werden, zeigen durchweg ihre Bemühungen, *zu ihren eigenen Bedingungen* zu überleben. Die forschungsbasierte und dennoch leicht zugängliche Arbeit der wunderbaren Kollegen aus Witten regt uns an, über das Fortbestehen nachzudenken und stellt wesentliche Werkzeuge zur Verfügung, die Unternehmerfamilien dabei helfen, ihre *eigenen Bedingungen* zu definieren, um ihre Langlebigkeit zu erhalten. Die hier präsentierten Einsichten gehen eine Symbiose mit einigen Arbeiten zum Thema Familienstrategie ein, an denen meine geschätzten Forschungskollegen und lieben Freunde Joe Astrachan, Andrew Keyt, George Manners und ich beteiligt waren. Sowohl in unserer Forschung als auch in der praktischen Arbeit mit Unternehmerfamilien sind wir zu der Erkenntnis gelangt, dass sich die betreffenden Familien letztendlich eine Familienstrategie wünschen, die zwar vom Unternehmen unabhängig ist, bestehende Abhängigkeiten zwischen diesem und der Familie jedoch nicht unberücksichtigt lässt, ihnen durch ein gemeinsames Ziel Orientierung und Ausrichtung bietet, die Familie als Einheit stärkt und dadurch ihre Überlebensfähigkeit fördert. Das vorliegende Buch knüpft direkt an diese Ideen an und bietet eine Perspektive sowie sinnvolle Ansatzpunkte, um unser Denken zu fördern. Mich persönlich erfüllt es mit Dankbarkeit, dass ich Tom, Heiko und Arist nicht nur als Kollegen, sondern auch als liebe Freunde bezeichnen kann. Ich bin ihnen, wie auch den vielen anderen fähigen Wissenschaftlerinnen und Wissenschaftlern am WIFU, dankbar dafür, dass sie immer wieder neue Wege gehen und den schmalen Grat zwischen unternehmerischer Relevanz und wissenschaftlicher Genauigkeit in der Familienunternehmensforschung beschreiten. Dieses Untersuchungsfeld ist dank ihres unermüdlichen Einsatzes besser erforscht, wovon Unternehmerfamilien maßgeblich profitieren.

Abschließend erinnere ich mich an eine Aussage, die eine Vertreterin einer großen, dynastischen Unternehmerfamilie aus Nordeuropa kürzlich während einer Konferenz machte. Sie sagte: *„Man kann Eigentum nicht auslagern... Alle anderen*

[10] Boyd (1986, S. 10).

Unternehmensfunktionen kann man auslagern. Aber Eigentum – das geht einfach nicht! Also verwaltet man es entweder selbst oder man lässt es bleiben. Und letzteres ist meist der Anfang vom Ende eines Familienunternehmens." Dieses Zitat fasst kurz und bündig die herausragende Rolle zusammen, die eine sinnvolle Eigentumsverwaltung und ein durchdachtes Familienmanagement in großen, dynastischen Unternehmerfamilien spielen. Die in diesem Buch vorgestellten Erkenntnisse bieten Unternehmerfamilien wesentliche Hilfsmittel, Denkübungen und praktische Werkzeuge, wie sie sich organisieren können, um weiterhin zu überleben und ihren eigenen Bedingungen entsprechend zu gedeihen. Sie sollen all jene inspirieren, die dynastisch denken und ihnen dabei helfen, sich für den langfristigen Erfolg aufzustellen. Es ist ein Buch, dessen Lektüre Sie und Ihre Unternehmerfamilie ganz bestimmt erfreuen wird!

Literatur

Beckhard, R., & Dyer, W. G. (1983). Managing continuity in the family-owned business. *Organizational Dynamics, 12*(1), 5–12.

Boyd, J. R. (1986). Patterns of conflict. https://fasttransients.files.wordpress.com/2020/11/patternsofconflict.pdf. Zugegriffen: 31. März 2021.

Garelli, S. (2016). Why you will probably live longer than most big companies. IMD Research and Knowledge. https://www.imd.org/research-knowledge/articles/why-you-will-probably-live-longer-than-most-big-companies/. Zugegriffen: 31. März 2021.

Pieper, T. M. (2007). *Mechanisms to assure long-term family business survival: A study of the dynamics of cohesion in multigenerational family business families.* Lang.

Plate, M., Groth, T., Ackermann, V., & Schlippe, A. v. (2011). *Große deutsche Familienunternehmen: Generationenfolge, Familienstrategie und Unternehmensentwicklung.* Vandenhoeck & Ruprecht.

Rüsen, T. A., Schlippe, A. v., & Kleve, H. (2019). Die dynastische Großfamilie: Skizze eines spezifischen Typus von Unternehmerfamilien. In *Soziologie der Unternehmerfamilie* (S. 225–247). Springer VS.

Schlippe, A. v., Groth, T., & Rüsen, T. A. (2017). *Die beiden Seiten der Unternehmerfamilie: Familienstrategie über Generationen: auf dem Weg zu einer Theorie der Unternehmerfamilie.* Vandenhoeck & Ruprecht.

Simon, F. B., Wimmer, R., & Groth, T. (2005). *Mehr-Generationen-Familienunternehmen: Erfolgsgeheimnisse von Oetker, Merck, Haniel ua.* Carl Auer Systeme.

Stewart, A., & Miner, A. S. (2011). The prospects for family business in research universities. *Journal of Family Business Strategy, 2*(1), 3–14.

Danksagung

Dieses Buch fasst wesentliche Ergebnisse unseres Forschungsprojektes zum Management dynastischer Unternehmerfamilien zusammen. Das Projekt wurde von den teilnehmenden Mitgliedern der von uns untersuchten Unternehmerfamilien als *Big-Family-Management-Projekt (BFM)* bezeichnet. Es setzte auf vorhandenen Erkenntnissen des Projektes zu *Familienstrategien über Generationen (FÜG)* des WIFU auf und entwickelte diese weiter. Neben dem Projekt konnten wir verschiedentlich Erfahrungen in dynastischen Unternehmerfamilien im Rahmen von Weiterbildungen, begleiteten Familientagen sowie bei der Unterstützung der Entwicklung von Instrumenten der Family Governance in diesem Familientypus sammeln.

Ein Buchprojekt wie dieses wäre ohne die Unterstützung einer Vielzahl von Personen, denen wir an dieser Stelle herzlich für ihre Anregungen, Rückmeldungen und eingebrachten Fragestellungen danken möchten, nicht realisierbar gewesen.

Zunächst möchten wir uns bei unseren Teamkollegen am WIFU bedanken. Allen voran Claudia Reusse und Jennifer Tiedemann, die uns bei der Vorbereitung und Durchführung der Forschungstreffen mit den teilnehmenden Familienvertretern tatkräftig unterstützt haben. Zudem gilt Fabian Simons und Tobias Köllner unser besonderer Dank. Beide haben uns bei der Anfertigung von wissenschaftlichen Publikationen im Kontext des Projektes unterstützt. Fabian konnten wir zudem für eine Doktorarbeit im Rahmen des Projektes gewinnen. Auf die Ergebnisse seiner Auswertungen und Analysen zum Verständnis von Treuhänderschaft in dynastischen Unternehmerfamilien sind wir bereits sehr gespannt. Für ihre wertvolle Unterstützung bei der Erstellung des Werkes möchten wir uns ganz besonders bei Daniela Wallerand bedanken. Ein besonderer Dank gilt weiterhin

Christine Sheppard und Sabine Bernatz vom Springer Verlag; ohne deren freundschaftliche und verständnisvolle Unterstützung hätte das Projekt nicht realisiert werden können.

Unser größter Dank gilt jedoch den Teilnehmerinnen und Teilnehmern des Big-Family-Management-Projektes. Zu Beginn unserer Überlegungen waren es Prof. Dr. Frank Stangenberg-Haverkamp von der Familie Merck sowie Christoph Böninger von der Familie Haniel, die uns motivierten, unsere Forschungsperspektive auf die besonderen Fragestellungen dynastischer Unternehmerfamilien zu lenken. Es gelang uns, sechs weitere Unternehmerfamilien zu gewinnen, die an dem Forschungsprojekt teilnahmen und bereit waren, sich auf ein von uns vorgegebenes Forschungssetting einzulassen.

Mit einigen Projektteilnehmern hatten wir schon im Rahmen des vorangegangenen FÜG-Projektes eine fruchtbare Zusammenarbeit erfahren. Gleichwohl waren wir von dem großen Vertrauen überrascht, das uns und den restlichen Projektteilnehmern vom ersten Moment des BFM-Projektes an entgegengebracht wurde. So kamen wir schnell zum Kern der Fragestellungen, die die anwesenden Familienoberhäupter beschäftigten.

Wir möchten uns bei unseren Projektpartnern nicht nur für die Teilnahme an dem Projekt bedanken, sondern auch für die Offenheit und die Bereitschaft, sich auf unsere Reflexionsformate und Fragestellungen einzulassen.

Wie schon beim FÜG-Vorgängerprojekt nahmen die teilnehmenden FamilienvertreterInnen die Rolle von „Co-Forschern" bei den Treffen ein. Viele Rückfragen, Anregungen und Diskussionen haben unser Denken befruchtet und zu einer Weiterentwickelung der ursprünglichen Fragestellung geführt. Folgenden Personen möchten wir stellvertretend für alle der am Projekt teilnehmenden Mitglieder aus Unternehmerfamilien nochmals einen herzlichen Dank aussprechen:[11]

[11] Wir danken auch den teilnehmenden Gremienmitgliedern der Wilh. Werhahn KG, Neuss.

Frau Dr. Simone Bagel-Trah (Henkel AG & Co. KGaA, Düsseldorf),
Herrn Johannes Baillou (E. Merck KG, Darmstadt),
Herrn Christoph Böninger (Franz Haniel & Cie. GmbH, Duisburg),
Frau Dr. Maria Freudenberg-Beetz (Freudenberg SE, Weinheim),
Herrn Franz Haniel (Franz Haniel & Cie. GmbH, Duisburg),
Herrn Dr. Jürgen Heraeus (Heraeus Holding GmbH, Hanau),
Frau Julia Heraeus-Rinnert (Heraeus Holding GmbH, Hanau),
Herrn Prof. Dr. Frank Stangenberg-Haverkamp (E. Merck KG, Darmstadt),
Herrn Konstantin von Unger (Henkel AG & Co. KGaA, Düsseldorf),
Herrn Johannes von Salmuth (Röchling SE & Co. KG, Mannheim),
Herrn Martin Wentzler (Freudenberg SE, Weinheim).

Wir hoffen, unser Buch liefert auch vielen anderen vergleichbaren Unternehmerfamilien wertvolle Hinweise zur zukunftsfähigen Organisation des Spannungsverhältnisses von Familienunternehmen, Eigentum und einer großen Unternehmerfamilie.

Inhaltsverzeichnis

Über die Autoren

Prof. Dr. phil. Heiko Kleve, Soziologe und Sozialpädagoge, ist seit 2002 Professor, zunächst an der Alice-Salomon-Hochschule Berlin, ab 2005 an der Fachhochschule Potsdam und seit 2017 als Inhaber des Stiftungslehrstuhls für Organisation und Entwicklung von Unternehmerfamilien am Wittener Institut für Familienunternehmen (WIFU) an der Universität Witten/Herdecke. Seine Lehr- und Forschungsschwerpunkte liegen in der systemischen Theorie und Methodik, u. a. hinsichtlich der Erforschung und Beratung von Unternehmerfamilien angesichts ihrer besonderen sozialisatorischen und strategischen Herausforderungen. Zudem arbeitet er seit über 20 Jahren als Coach, Berater und Mediator und unterstützt Nachfolge-, Familienstrategie- und Konfliktklärungsprozesse in Unternehmerfamilien und Familienunternehmen. Er ist Autor von zahlreichen Büchern und Fachbeiträgen zur Weiterentwicklung der Systemtheorie als sozialwissenschaftlich und praktisch relevante Reflexionsperspektive.

Prof. Dr. rer. pol. Tom A. Rüsen ist geschäftsführender Direktor des Wittener Institutes für Familienunternehmen (WIFU) der Universität Witten/Herdecke. Gleichzeitig leitet er die gemeinnützige WIFU-Stiftung als geschäftsführender Vorstand. Seit 2015 ist er Honorarprofessor der Fakultät für Wirtschaft und Gesellschaft der Universität Witten/Herdecke, seit 2017 Visiting Professor der Hochschule Luzern. Schwerpunkte seiner Forschungs- und Lehrtätigkeiten sowie seiner Publikationen beinhalten die Untersuchung von Konflikt- und Krisendynamiken, des strukturellen Risikos von Familienunternehmen, Mentaler Modelle in Unternehmerfamilien sowie von Familienstrategien und deren generationsübergreifender Evolution. Im Rahmen seiner Coaching- und Beratungstätigkeit unterstützt er Familienunternehmen und Unternehmerfamilien bei der Entwicklung praxisnaher Lösungskonzepte im Rahmen von Nachfolgeprozessen, Konflikt- und

Krisensituationen, sowie die Entwicklung von Familienstrategien, Programmen zur Gesellschafterkompetenzentwicklung und Familienmanagement-Systemen.

Prof. Dr. phil. habil. Arist von Schlippe, Diplom-Psychologe, psychologischer Psychotherapeut, systemischer Familientherapeut und Familienpsychologe. Fünfjährige Stationsleitungstätigkeit in der Kinder- und Jugendpsychiatrie, 1981–2005 Universität Osnabrück im Fach Psychotherapie und Klinische Psychologie tätig. 2005 wurde er als Experte für Familienpsychologie auf den Lehrstuhl „Führung und Dynamik von Familienunternehmen" am Wittener Institut für Familienunternehmen (WIFU) der Universität Witten/Herdecke berufen, das er zwischen 2007 und 2017 als akademischer Direktor leitete. Forschungsschwerpunkte: Familienstrategie und Familienmanagement in Familienunternehmen, Konflikte und Konfliktmanagement, Rolle von Geschichten im Familienunternehmen, Systemisches Elterncoaching im gewaltlosen Widerstand.

Abbildungsverzeichnis

1 Einleitung: Dynastische Unternehmerfamilien und das Forschungsprojekt zum „Big Family Management"

Zusammenfassung

Familienunternehmen verändern sich permanent. Sie sind die älteste Form des Wirtschaftens. Doch erst seit einiger Zeit lässt sich in deutschen Unternehmerfamilien eine Entwicklung erkennen, die in den letzten Jahren in der Breite sichtbare Ergebnisse nach sich gezogen hat: Durch die zunehmende gesellschaftliche Akzeptanz egalitärer Vererbung von Gesellschafteranteilen an tendenziell alle Nachkommen innerhalb einer Unternehmerfamilie ist ein besonderer Typus von Eigentümerfamilien entstanden: die dynastische Unternehmerfamilie.

Ausgangslage

Familienunternehmen verändern sich permanent. Sie sind die älteste Form des Wirtschaftens. Doch erst seit einiger Zeit lässt sich in deutschen Unternehmerfamilien eine Entwicklung erkennen, die in den letzten Jahren in der Breite sichtbare Ergebnisse nach sich gezogen hat: Durch die zunehmende gesellschaftliche Akzeptanz egalitärer Vererbung von Gesellschafteranteilen an tendenziell alle Nachkommen innerhalb einer Unternehmerfamilie ist ein besonderer Typus von Eigentümerfamilien entstanden: die dynastische Unternehmerfamilie. Hierunter wird der Eigentümerkreis eines Familienunternehmens verstanden, dessen miteinander verwandte Mitglieder mindestens 50 Personen umfassen. Damit zeigen sich solche Unternehmerfamilien nicht nur als Gründer- bzw. Kleinfamilien *(Unternehmerfamilien 1.0)* und zugleich als formal organisierte Familien mit entsprechenden Governance-Strukturen *(Unternehmerfamilien 2.0)*, sondern darüber hinaus noch als netzwerkartige Unternehmerfamilienstruktur einer großen Zahl diverser Mitglieder *(Unternehmerfamilien 3.0)*. Typischerweise erreichen Unternehmerfamilien

T. A. Rüsen et al., *Management der dynastischen Unternehmerfamilie*,
https://doi.org/10.1007/978-3-662-63500-1_1

diese Größenordnung mit entsprechend vielen Gesellschafterinnen und Gesellschaftern in der fünften Generation, sofern jede Nachfolgegeneration im Durchschnitt drei bis vier Kinder bekommt und an diese ihre Anteile vererbt.

Das Leben in dynastischen Unternehmerfamilien geht mit spezifischen Herausforderungen einher, die in diesem Buch behandelt werden. Die Relevanz dieses Themas resultiert daraus, dass neben den derzeit etwa 30 den Autoren bekannten Unternehmerfamilien dieser Größenordnung in Deutschland beim nächsten Generationssprung eine Vielzahl weiterer Familien zu diesem Typus dazukommen wird. Denn das egalitäre Erbschaftsprinzip scheint sich bezüglich großer Familienunternehmen zunehmend durchzusetzen.

Hintergrund und Projektstruktur

Aufmerksam auf die Frage der besonderen Anforderungen an die Governance in solchen Unternehmerfamilien wurden wir am Wittener Institut für Familienunternehmen (WIFU) der Universität Witten/Herdecke durch die an uns herangetragenen Fragestellungen einiger befreundeter Vertreterinnen und Vertreter von Familienunternehmen, die mit einem solchen großen Kreis an Familiengesellschaftern zu tun haben. Diese wiesen uns darauf hin, dass die bisherigen Forschungsarbeiten des WIFU zwar für viele Fragestellungen wertvolle Anregungen und Lösungsansätze bereitstellten, die jedoch in der Alltagspraxis in ihren spezifischen Unternehmerfamilien nicht oder nicht unmittelbar umsetzbar seien, da es hier um zum Teil völlig andere Themen bzw. Familiendynamiken gehe. So setzten wir uns im Herbst 2016 mit drei Vertretern[1] dieser Unternehmerfamilien zusammen, deren Gesellschafterkreise 130, 380 und 700 Familienmitglieder umfassten, und führten ein Brainstorming über beobachtete Problemfelder, mögliche Formen der Bearbeitung sowie eine ideale Teilnehmerstruktur eines entsprechenden Forschungsprojektes durch. Am Ende dieses Nachmittages war die Idee eines *Arbeitskreises Big Family Management* geboren. Dieser sollte ins Leben gerufen werden, sofern sich mindestens zwei weitere Unternehmerfamilien der entsprechenden Größenordnung von der Sinnhaftigkeit des Projektes überzeugen und für eine Teilnahme gewinnen ließen.

[1] Nachfolgend haben wir im Interesse der Lesbarkeit auf Doppelformulierungen der Geschlechter bzw. das Setzen von „Sternchen" o. ä. weitgehend verzichtet. In unserem Verständnis sind die Begriffe z. B. für „Gesellschafter" oder „Familienunternehmerinnen" ebenso als männliche, weibliche oder diverse Geschlechtsformen zu verstehen. Wir haben uns bemüht, die Formen immer wieder zu variieren oder, wo wir es für angemessen erachtet haben, gelegentlich das Binnen-I zu verwenden. Soweit in den Texten personenbezogene Bezeichnungen ausschließlich in männlicher oder weiblicher Form aufgeführt sind, beziehen sich diese i. d. R. auf alle Geschlechter in gleicher Weise.

Am Ende waren es sieben Unternehmerfamilien, die eine Projektteilnahme zusagten. Mit insgesamt 13 FamilienvertreterInnen, die entweder Vorsitzende des Aufsichts- oder Familiengremiums waren, oder diesem als Mitglied angehörten, fanden im Zeitraum der Jahre von 2017 bis 2019 fünf jeweils ganztägige Projekttreffen statt. Man traf sich dabei jeweils am Stammsitz der Firma einer der teilnehmenden Unternehmerfamilien. Ein für 2020 geplantes Abschlusssymposium, zu dem sämtliche Gremienvertreter der Familien eingeladen werden sollten, musste aufgrund der Corona-Pandemie verschoben werden und ist für einen späteren Zeitpunkt geplant.

Vorgehen und Sample

Die in diesem Buch dargelegten Erkenntnisse zur Organisation, Steuerung und Führung dynastischer Unternehmerfamilien basieren auf den Reflexionen und Analysen der Antworten der Familienvertreter bezüglich sechs Themenfeldern, die gemeinsam als Schwerpunkte benannt wurden. Jedes der Arbeitstreffen bereiteten wir intensiv vor. Es wurden zu den identifizierten Problemfeldern, die als typisch für dynastische Unternehmerfamilien gelten, Fragestellungen formuliert. Diese beantworteten die ProjekteilnehmerInnen im Vorfeld der Arbeitstreffen. Die Antworten werteten wir als Forscherteam aus, fassten sie zu Clustern zusammen und stellten diese den Teilnehmenden zur Vorbereitung der Treffen zur Verfügung. Ergänzend dazu fanden vereinzelt Interviews zu einzelnen Fragestellungen mit den Familienvertretern statt.

Im Rahmen der Arbeitstreffen diskutierten wir die Antworten sowie die skizzierten und praktizierten Lösungsansätze mit den Firmenvertretern. Der Forschungstradition des WIFU folgend wurde der bewährte Ansatz der Aktionsforschung gewählt[2] und mit dem Forschungsansatz der „narrativen Soziologie“[3] verbunden. Damit konnten wir den Teilnehmenden die Gelegenheit geben, ihre Perspektive und Vorgehensweise zu erörtern, ohne dass eine Beurteilung oder Kritik durch das Forscherteam vorgenommen wurde. Im Zuge dieser Arbeit luden die Forscher die Beteiligten ein, ihre Haltungen, Traditionen und Vorgehensweisen, die aus ihren jeweiligen Familien kommen, miteinander zu vergleichen. Dabei zeigten sich verschiedene Typen des *Big Family Managements.*

Die Unternehmen der Projektteilnehmenden und die sehr unterschiedlichen Branchen, in denen diese tätig sind, spielten bei der Untersuchung keinerlei Rolle. Die Umsatzgrößen, die von 2 bis 20 Mrd. EUR rangierten, stellten ebenfalls kein zentrales Unterscheidungsmerkmal dar. Dem Fokus des Projektes entsprechend ging es vielmehr um die Anzahl der Familiengesellschafter (diese umfassten zwischen

[2] Vgl. dazu etwa Burns (2007), Lück (1996), Moser u. Ornauer (1978), Moser (1989).

[3] Jaffe (2020).

120 und 700 Mitglieder), die gefundene Form des Familienmanagements und die Herstellung des Zusammenhalts der Unternehmerfamilie. Lediglich drei der teilnehmenden dynastischen Unternehmerfamilien hatten eigene Familiengremien; die restlichen verfügten je ausschließlich über einen Gesellschafterausschuss.

Da der Gründungszeitraum der Unternehmen vom 17. bis zum 19. Jahrhundert reichte, befanden sich die Unternehmerfamilien in der 5. bis 13. Eigentümergeneration. Besonderheiten auf der Eigentümerseite ließen sich bei zwei teilnehmenden Familien durch eine Börsennotierung des Unternehmens und bei drei teilnehmenden Familien durch sehr unterschiedliche Anteilsgrößen der Gesellschafter ausmachen. In drei der teilnehmenden Familien wurde ein Stammesprinzip praktiziert,[4] die anderen verstanden sich als Großfamilie.[5]

Inhalt und Aufbau des Buches

Im Folgenden werden die Ergebnisse des Forschungsprojektes beschrieben.[6] Hierbei werden *zum einen* die behandelten Fragestellungen aus den Arbeitskreistreffen und die daraus abgeleiteten Erkenntnisse aufgeführt. *Zum anderen* legen wir übergreifende Beobachtungen und entsprechend abgeleitete Theorieansätze dar, die im Verlauf des Projektes bei der Reflexionsarbeit innerhalb des Forscherteams entstanden sind.

Mit dem zweiten Kapitel liefern wir eine theoretische Betrachtung der dynastischen Unternehmerfamilie als Unternehmerfamilie 3.0 im Verständnis eines weit verzweigten Netzwerkes entfernt miteinander verwandten Eigentümer eines Familienunternehmens. Als Unternehmerfamilie 3.0 wird dieser Familientypus wegen des Netzwerkcharakters bezeichnet, der in klarer Abgrenzung zu der Kleinfamilie bzw. der Gründergeneration (Unternehmerfamilie 1.0) steht und sich auch von der Familienform unterscheidet, die ab der zweiten oder dritten Generation lernen muss, sich als Unternehmerfamilie formal zu organisieren (Unternehmerfamilie 2.0).

Das dritte Kapitel beschäftigt sich mit sechs zentralen Fragen und Problemstellungen, die durch dynastische Unternehmerfamilien beim Management des Zusammenhaltes und der Zukunftsfähigkeit permanent zu bearbeiten sind. Diese Themenkomplexe entstanden bei der Initiierung des Arbeitskreises im Rahmen

---

[4] Ammer (2017).

[5] Simon et al. (2005).

[6] Die hier aufgeführten Erkenntnisse sind die Zusammenfassung des Forschungsprojektes für die Leserschaft aus der Praxis. Bereits während des Projektes wurden verschiedene Publikationen angefertigt, die sich an die Forschungsgemeinschaft richten. Die im Folgenden dargelegten Ausführungen basieren zum Teil auf diesen Gedanken und stellen eine Weiterentwicklung und Verdichtung dieser Konzepte dar. Siehe dazu etwa Rüsen et al. (2019), Kleve et al. (2018, 2019) und Köllner et al. (2021).

eines Brainstormings und fungierten als methodischer Rahmen für das Projekt. Fünf der aufgeworfenen Fragestellungen werden in den folgenden Kapiteln detailliert bearbeitet. Hier fließen die gelieferten Antworten der Familienvertreter und die zusammengefassten Analyseergebnisse des Projektteams ein.

Im anschließenden vierten Kapitel werden etablierte Gremienstrukturen und die Partizipationsmöglichkeiten einzelner Mitglieder der dynastischen Unternehmerfamilie an der Entwicklung des Unternehmens bzw. der Eigentümergemeinschaft betrachtet. Konkret werden die notwendigen Aktivitäten, Gremien und Formate behandelt, die jenseits einer gesellschaftsrechtlich vorgeschriebenen Corporate Governance wirksam werden müssen, um den Zusammenhalt der Gemeinschaft als dynastische Eigentümer- und Familiengemeinschaft zu stärken. Durch die Schaffung von Möglichkeiten zur Einbindung und Partizipation der Familienmitglieder wird dem Entstehen von Desinteresse bzw. einem Austrittswunsch aus der Gemeinschaft aktiv entgegengewirkt.

Das folgende fünfte Kapitel beschäftigt sich darauf aufbauend mit zentralen Fragestellungen der Kommunikation innerhalb dynastischer Unternehmerfamilien. Hierbei stehen die gelebten Austauschformate und Informationskanäle jenseits der „offiziellen" und rechtlich vorgeschriebenen Gesellschafterinformationen im Fokus. Gerade das Etablieren und Erhalten von Formen der Kommunikation, die als „informell" bezeichnet werden bzw. auf den familialen Austausch der Gemeinschaft abzielen, stellen eine spezifische Aufgabe des Familienmanagements dar.

Das sechste Kapitel behandelt die Frage, wie kompetente Familienmitglieder für die Arbeit in den unterschiedlichen Gremien in der Corporate und Family Governance ausgebildet und hinsichtlich der sich ständig erhöhenden Anforderungen an entsprechende Funktionsträger „weiterentwickelt" werden können. Dabei werden unterschiedliche Ebenen und thematische Schwerpunkte einer spezifischen Gesellschafterkompetenz dynastischer Unternehmerfamilien unterschieden. Überdies geht es um die Frage der Auswahl und Gewinnung von kompetenten Repräsentanten der Familie sowie um deren Herausforderungen hinsichtlich der von ihnen erlebten Spannungsfelder von persönlichen und gemeinschaftlichen Erwartungen.

Im siebten Kapitel werden die Haltung, die eingenommene Perspektive und die Governance zum im Familienunternehmen gebundenen Vermögen sowie zum Sekundärvermögen der Gesellschafter betrachtet. Dabei wird augenscheinlich, dass die am Projekt beteiligten dynastischen Unternehmerfamilien ganz unterschiedliche Strategien entwickelt haben, wie sie ihre Gesellschafter beim Management des Vermögens unterstützen. Anhand von vier Spannungsfeldern wird dargelegt, welche strukturellen Bedingungen und familiären Erwartungen den Umgang mit Vermögen rahmen und prägen.

Das achte Kapitel untersucht spezifische Konfliktformen in dynastischen Unternehmerfamilien und hierfür etablierte Lösungsansätze. Die Ergebnisse zeigen, dass sich Art und Dynamik der Konflikte in diesem Familientypus erheblich von den typischen Konfliktmustern in kleinzahligen Unternehmerfamilien mit einem engeren Verwandtschaftsgrad unterscheiden können, je nachdem, wie die Gesellschafter „organisiert" sind und welche Wahlverfahren etabliert wurden.

Im neunten Kapitel wird ein konzeptioneller Ansatz zum Management dynastischer Unternehmerfamilien, also einem „Big Family Management" geliefert. In diesem werden die etablierten Ansätze und gelebten Formen eines Familienmanagements der Projektteilnehmer aggregiert und in einem zusammenfassenden Konzeptvorschlag erläutert.

Den Schluss des Werkes bilden zusammenfassende Erkenntnisse und gewonnene Anregungen der Autoren aus dem Forschungsprojekt. Diese sollen dem Leser als hilfreiche Anleitung für die eigene Ausrichtung des Familienmanagements in der größer werdenden Unternehmerfamilie dienen. Diese Erkenntnisse haben wir als „zehn Gebote" in Form von Empfehlungen präskriptiv formuliert.

Schließlich freuen wir uns sehr, dass wir mit Dennis Jaffe und Torsten Pieper zwei renommierte Forscher zu Familienunternehmen und Unternehmerfamilien gewinnen konnten, Vorworte zu unserem Buch beizusteuern. Die beiden versicherten uns, dass sie durch unsere hier präsentierten Erkenntnisse konstruktiv angeregt wurden, in neuer Weise über dynastische Unternehmerfamilien nachzudenken. Daher hoffen wir, dass es den Leserinnen und Lesern, die selbst aus diesen Familien kommen oder mit ihnen zu tun haben, mit unserem Buch ähnlich ergehen wird, dass sie in ihrem Denken, Fühlen und Handeln nachhaltig und stärkend unterstützt werden.

Tom A. Rüsen
Heiko Kleve
Arist v. Schlippe
Witten/Herdecke im Sommer 2021

Literatur

Ammer, J. (2017). *Die Organisation der Unternehmerfamilie in Stämmen.* Vandenhoeck & Ruprecht.

Burns, D. (2007). *Systemic action research: A strategy for whole system change.* Policy Press.

Jaffe, D. (2020). *Borrowed from your grandchildren. The evolution of 100-year family enterprises.* Wiley.

Kleve, H., Schlippe, A. v., & Rüsen, T. (2018). Unternehmerfamilie 3.0. Große Unternehmerfamilien als Familien. *Organisationen und Netzwerke. Organisationsentwicklung, 4*, 52–58.

Kleve, H., Schlippe, A. v., & Rüsen, T. (2019). Die „verdreifachte" Familie: Dynastische Unternehmerfamilien als Familien, Organisationen und Netzwerke – Skizze einer Theorieerweiterung. In H. Kleve & T. Köllner (Hrsg.), *Die Soziologie der Unternehmerfamilie. Grundlagen, Entwicklungslinien, Perspektiven* (S. 249–266). Springer/VS.

Köllner, T., Simons, F., Kleve, H., Schlippe, A. v., & Rüsen, T. (2020). Vermögensmanagement in großen Unternehmerfamilien: Zwischen individuellem Anspruch und kollektiver Verantwortung. *Zeitschrift für KMU und Entrepreneurship, 68*(3–4), 191–217.

Lück, H. (1996). *Die Feldtheorie und Kurt Lewin: eine Einführung*. Beltz.

Moser, H. (1989). *Aktionsforschung als kritische Theorie der Sozialwissenschaften*. Kösel.

Moser, H. & Ornauer, H. (Hrsg.). (1978). *Internationale Aspekte der Aktionsforschung*. Westdeutscher Verlag.

Rüsen, T., Kleve, H., & Schlippe, A. v. (2019). Die dynastische Großfamilie. Skizze eines spezifischen Typus von Unternehmerfamilien. In H. Kleve & T. Köllner (Hrsg.), *Die Soziologie der Unternehmerfamilie. Grundlagen, Entwicklungslinien, Perspektiven* (S. 225–248). Springer/VS.

Simon, F. B., Wimmer, R., & Groth, T. (2005). *Mehr-Generationen-Familienunternehmen*. Carl Auer Systeme.

2 Die dynastische Unternehmerfamilie als Familie, Organisation und Netzwerk

Zusammenfassung

In diesem Kapitel werden die zentralen theoretischen Unterscheidungen präsentiert, die dabei helfen, dynastische Unternehmerfamilien in ihrer Besonderheit und Dynamik zu beschreiben und zu erklären. Dabei geht es darum zu verstehen, wie es überhaupt zur Entwicklung so großzahliger Gesellschafterkreise von Familienunternehmen kommt. Das Interessante ist dabei, dass sich in solchen großen Unternehmerfamilien drei Logiken des sozialen Zusammenhalts beobachten lassen, nämlich *erstens:* die klassische Familienlogik, *zweitens:* die Logik formaler Organisationen und *drittens:* die Logik weit verzweigter familiärer Netzwerke. Das Verständnis dieser drei Typen und Entwicklungsstufen von Unternehmerfamilien bietet nicht nur ein neues theoretisches Modell, sondern es hilft auch den Mitgliedern sowie vor allem den Repräsentanten und Gremienvertretern dieser Familien, angemessene Antworten auf ihre alltäglichen Herausforderungen zu finden. Was für Herausforderungen das sind und wie auf diese praktisch reagiert werden kann, wird in den folgenden Abschnitten veranschaulicht.

2.1 Ausgangslage

In der westlichen Gesellschaft durchbrechen Unternehmerfamilien die Zerfallsmuster verwandtschaftlicher Beziehungen.[1] In den Kernfamilien der Gegenwart in unserer Kultur haben diese selten über mehr als drei Generationen hinaus

[1] Rüsen et al. (2019); die folgenden Ausführungen basieren auf den dort dargelegten Überlegungen und stellen eine Weiterentwicklung dieser dar.

T. A. Rüsen et al., *Management der dynastischen Unternehmerfamilie*,
https://doi.org/10.1007/978-3-662-63500-1_2

Bestand.[2] Eigentümerfamilien verfügen oftmals über einen Zusammenhalt, der weit darüber hinaus geht und auf der kollektiven Bindung miteinander verwandter Menschen an ein gemeinsames unternehmerisches Eigentum basiert. In früheren Generationen war die Übergabe in Unternehmerfamilien durch die Grundsatzentscheidung geprägt, eine Konzentration der Anzahl der GesellschafterInnen möglichst zu forcieren. Dies hatte zur Folge, dass alle Anteile an ein Familienmitglied, meist das operativ tätige, weitergegeben wurden. Voraussetzung für diese Praxis war jedoch, dass „weichende" Erben ausbezahlt werden konnten. Die hierdurch reduzierte Komplexität auf der Eigentümerseite hatte jedoch oftmals einen hohen Preis: Die Ausgleichszahlungen innerhalb der Familie belasteten den Alleinerben und in der Regel auch das Unternehmen sehr. Ab einer bestimmten Größenordnung des Unternehmens ist diese Praxis allerdings kaum noch aufrechtzuerhalten, denn auch eine begrenzte Auszahlung an die Geschwister und/oder Cousins übersteigt meist die finanziellen Möglichkeiten oder führt zu nachhaltigen und erheblichen finanziellen Belastungen.

Zunehmend wird bei größer werdenden Unternehmen und Familienstrukturen daher meist entschieden, „Großfamilienorganisationen"[3] im Eigentümerkreis entstehen zu lassen. So trifft die finanzielle Notwendigkeit auf eine in den letzten Jahrzehnten beobachtbare allgemeine gesellschaftliche Tendenz: Nachkommen werden, unabhängig vom Geschlecht oder dem Wunsch, im Unternehmen tätig zu werden, prinzipiell gleichbehandelt. Bündeln sich die Kleinfamilien der Kinder des Gründers durch gesellschaftsrechtliche Strukturen, entstehen sogenannte Stammesorganisationen,[4] innerhalb derer wiederum egalitäre Vererbungsmuster praktiziert werden.

Unternehmerfamilien lassen sich ab einem bestimmten Grad der Transgenerationalität als „dynastische Familien" bezeichnen: „We call these multigenerational families, with several branches and successful business portfolios, dynasties."[5] Die einmal getroffene Grundsatzentscheidung, den Gesellschafterkreis nicht auf Dauer klein zu halten, führt innerhalb weniger Generationen (manchmal sogar weniger Jahrzehnte) zu einem enormen Wachstum der Unternehmerfamilien, das nicht selten auch mit entsprechendem Wachstum des Unternehmens einhergeht. Es ist jedoch leicht zu erkennen, dass die Unternehmerfamilie hierdurch an Komplexität gewinnt und mit besonderen Anforderungen konfrontiert ist. So stellen

[2] Mitterauer (2009).

[3] Simon et al. (2005).

[4] Zu den Besonderheiten dieser Familienorganisation insbesondere Ammer (2017).

[5] Jaffe & Lane (2004, S. 82).

sich an die Governance-Strukturen eine Vielzahl von Entwicklungsnotwendigkeiten, die sich neben der Unternehmensführung und dem Eigentümerkreis auch auf die Familie beziehen.[6] In diesem Zusammenhang ist die Familie dazu angehalten, sich mit sich selbst auseinanderzusetzen, sich Regeln zu geben, Anforderungen an operativ oder in Gremien tätige Familienmitglieder zu formulieren und sich demokratischen Strukturen zu unterwerfen.[7] Sie ist hier besonders gefordert: Formale Strukturen sind in den Familienkontext einzuführen. Die Familie muss sozusagen selbst zu einer Organisation werden, um als Unternehmerfamilie bestehen zu können. Sie muss sich gewissermaßen „verdoppeln".[8] Die Weitergabe der Eigentümerrolle von den Vorfahren auf die Nachkommen ist in dynastischen Unternehmerfamilien dabei die zentrale Bedingung für das Fortbestehen.

Die hier skizzierten Fragestellungen stehen seit Jahren im besonderen Fokus der Familienunternehmensforschung.[9] Unternehmerfamilien, bei denen die Gesellschafterkreise eine Größe erreicht haben, die es unmöglich machen, Entscheidungen noch gemeinsam zu fällen, werden in der Literatur jedoch bislang nicht explizit bzw. nur unzureichend behandelt. Die sogenannten „dynastischen Unternehmerfamilien" werden in diesem Buch nun dezidiert betrachtet und spezifische Herausforderungen ausführlich behandelt.

2.2 Dynastische Unternehmerfamilien

Dynastische Unternehmerfamilien werden im Folgenden verstanden als verwandtschaftlich verbundene Gesellschafter eines Familienunternehmens mit einer Mitgliederanzahl von mehr als 50 Personen.[10] Dabei ist der Verwandtschaftsgrad entweder über direkte Nachkommenschaft auf den/die UnternehmensgründerIn zurückverfolgbar oder es bestehen bzw. bestanden eheliche Verhältnisse bzw. Adoptionsverhältnisse zu dieser Person bzw. den Nachkommen. Dieser Unternehmerfamilientypus ist neben der verwandtschaftlichen Verbindung durch den gemeinsamen Willen gekennzeichnet, das im Eigentum befindliche Unternehmen an die nachfolgenden Generationen weiterzugeben.[11]

---

[6] Koeberle-Schmid et al. (2018).

[7] v. Schlippe et al. (2017).

[8] Ebd.

[9] Exemplarisch dazu etwa Melin, Nordqvist & Sharma (2014); Zellweger (2017); Kellermanns & Hoy (2017), Felden, Hack & Hoon (2019).

[10] Zur Abgrenzung der dynastischen Unternehmerfamilie von anderen Unternehmerfamilien-Typen: Rüsen & Löhde (2019, S. 42).

[11] Zum allgemeinen definitorischen Verständnis von Familienunternehmen und Unternehmerfamilie siehe: https://www.wifu.de/best-of-fu-wissen/.

Im Selbstverständnis der untersuchten dynastischen Unternehmerfamilien ist die Mitgliedschaft in der Familie über Geburt, Adoption als Nachkomme oder mittels Heirat oder den Eintritt in eine stabile eheähnliche Partnerschaft mit einem Nachkommen definiert. Die Eigentümergemeinschaft wird dabei auf gemeinsame Vorfahren zurückgeführt und verfolgt das gemeinsame Ziel der Weitergabe eben dieses Eigentums an nachfolgende Generationen. Das hier maßgebliche Verständnis bedient sich der in der Ethnologie als *Lineage* beschriebenen Definition sozialer Einheiten und Gruppen, welche sich aus Personen mit gleicher Abstammung zusammensetzen und eine Wirtschafts- und Solidaritätsgemeinschaft bilden.[12] In diesem Verständnis ist die tatsächliche und nicht eine fiktive Genealogie dieser Familienverbände sowie der unbedingte gemeinsame Wille, das Unternehmen bzw. die eigenen Gesellschafteranteile im Verbund an die Nachkommen weiterzugeben, maßgeblich für die Konstitution der Gemeinschaft. Dynastische Unternehmerfamilien sind vom Begriff des Clans abzugrenzen, der einen Gruppenzusammenschluss unterschiedlicher Lineages, also mehrerer Stammesgemeinschaften, bezeichnet.

Das für uns eigentliche, quantitative Unterscheidungsmerkmal, das dazu berechtigt, von einer „dynastischen Unternehmerfamilie" zu sprechen, bezieht sich auf die potentielle Unüberschaubarkeit der Mitglieder. Ist die Vererbung der Anteile auf alle Erben einmal zur Entscheidungsprämisse geworden, führt stetiges innerfamiliales Wachstum der einzelnen Kernfamilien zu einer potenziellen Verdrei- bis Vervierfachung der Gesellschafteranzahl pro Generation. Hier ist die Entstehung dieses Unternehmerfamilientypus – den unternehmerischen Erfolg einmal vorausgesetzt – vielfach nur eine Frage der Zeit.

Die Autoren konnten zu Beginn des Forschungsprojektes mindestens 30 deutsche Familienunternehmen identifizieren, die über Gesellschafterkreise von 50 und mehr Mitgliedern verfügten. Es lässt sich jedoch vermuten, dass die Anzahl dieser dynastischen Unternehmerfamilien in den nächsten Jahren sprunghaft ansteigen wird. Somit sind die hier behandelten Fragestellungen keineswegs nur „Randgruppenphänome", sondern werden sich in absehbarer Zeit zu einem Kernthema für eine Vielzahl von Unternehmerfamilien entwickeln.

Unserer Einschätzung nach scheint eine der wesentlichsten Fragen zu sein, wie sich das Auseinanderbrechen zwischen der *Controlling Family*, also den Familienangehörigen, die Schaltstellen der Governance-Strukturen besetzen, und den übrigen, oft nur kleine Anteile haltenden *Family Stakeholdern* regeln lässt. Dabei ist zu klären, wie einem eventuell entstehenden Misstrauen und Desinteresse bei den nicht aktiven Eigentümern begegnet werden kann. Unsere Grundthese ist,

[12] Hirschberg (2005).

dass sich gerade durch die regelmäßige Partizipation an Entscheidungsprozessen die hier involvierten Familienteile emotional wie auch in Bezug auf den Informationsgrad viel enger an das Familienunternehmen gebunden fühlen.[13] Wird diese wahrgenommen, gibt es eine andere Bereitschaft, zeitliche Ressourcen zur Verfügung zu stellen bzw. sich den Bedürfnissen des Unternehmens unterzuordnen. Während bei Eigentümergemeinschaften, die sich in der zweiten bis vierten Generation befinden, eher Prinzipal/Agenten-Konflikte zu erwarten sind, kommt es bei den hier untersuchten dynastischen Unternehmerfamilien als Eigentümergruppe eher zu sogenannten Prinzipal/Prinzipal-Konflikten. Familienkonflikte spielen sich hier somit weniger im Unternehmen als vielmehr in den Aufsichts- und Eigentümergremien ab (s. a. Kap. 8).

Die folgenden Ausführungen zeigen, welche Unterscheidungsmerkmale der hier behandelte Familientypus im Vergleich zu anderen Unternehmerfamilien aufweist. Es wird dabei deutlich, dass für die Mitglieder von Unternehmerfamilien, die sich noch in einer einigermaßen „überschaubaren Größenordnung" von 15, 25 oder 35 Mitgliedern bewegen, hinsichtlich der Family Governance und des Managements der Unternehmerfamilie einige Entwicklungsschritte zur Vorbereitung notwendig sind. Hierfür sei ein zentrales Augenmerk auf die Frage gerichtet, ab welcher Größenordnung das bestehende Familienmanagementsystem unzureichend und durch Ansätze zum Management einer dynastischen Unternehmerfamilie zu ergänzen ist.

Als eine theoretische Unterteilung, die die Übersicht und Zuordnung von Herausforderungen in dynastischen Unternehmerfamilien zu erhöhen erlaubt, haben wir in unserem Forschungsprojekt eine Form der Differenzierung von Entwicklungs- bzw. Komplexitätsstufen der Unternehmerfamilie entwickelt, die im Folgenden vorgestellt wird.

2.3 Die drei Komplexitätsstufen der Unternehmerfamilie

In den bisherigen Ausführungen sind wir implizit bereits von drei Entwicklungs- bzw. Komplexitätsstufen der Unternehmerfamilie ausgegangen, die nun explizit dargestellt werden. Sie ähneln bereits vorliegenden Modellen der Differenzierung (vgl. etwa das Drei-Dimensionen-Modell),[14] fokussieren aber ausschließlich auf die Form, in der sich die Familie strukturiert, und die Logik, in der sie sich

[13] Zu Bindung und Zusammenhalt in Unternehmerfamilien ausführlich Pieper (2007).

[14] Gersick et al. (1997, S. 16 ff.), May (2017, S. 29 ff.).

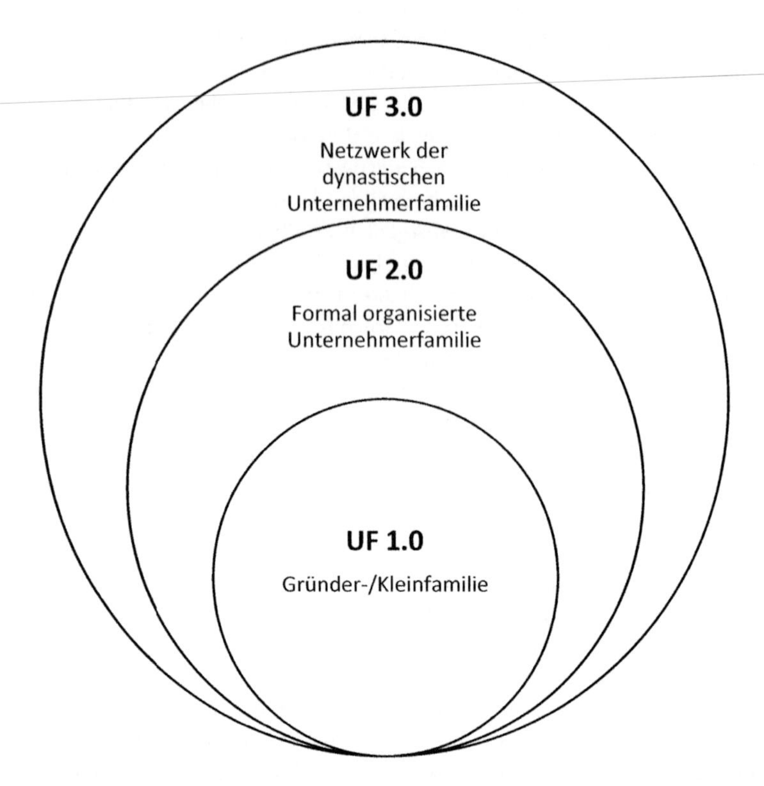

Abb. 2.1 Entwicklungs-/Komplexitätsstufen der Unternehmerfamilie (Kleve 2020, S. 90)

als Familie selbst versteht. Das Bewusstsein über diese drei Stufen erleichtert nicht nur für das Familienmanagement, sondern allen Mitgliedern der Familiengemeinschaft die Orientierung und die Lösung der anstehenden Aufgaben und Herausforderungen. Im Folgenden unterscheiden wir (s. a. Abb. 2.1) zwischen der

- Unternehmerfamilie 1.0: Gründer- bzw. Kleinfamilie,
- Unternehmerfamilie 2.0: formal organisierte Unternehmerfamilie und
- Unternehmerfamilie 3.0: dynastische Unternehmerfamilie als Netzwerk.[15]

[15] Die folgenden Ausführungen zu den drei Komplexitätsstufen der dynastischen Unternehmerfamilie basieren auf Kleve et al. (2018; 2019) sowie Kleve (2020, S. 86 ff.), wo

Unternehmerfamilie 1.0: Gründer- bzw. Kleinfamilie

Gründer- und auch Kleinfamilien großer Unternehmerfamilien, die aus zwei bis drei Generationen bestehen (Eltern, Kinder und eventuell noch Großeltern), inkludieren und binden Menschen in ganzheitlicher Weise. Damit lösen sie ein soziales Problem, das eine anthropologische Konstante des menschlichen Aufwachsens darstellt: Die Sozialisation benötigt stabile zwischenmenschliche Beziehungen, in die alle biologischen, psychischen und sozialen Bedürfnisse integriert werden.

Familien sind durch das Kommunikationsmedium der Liebe geprägt.[16] Im Medium der Liebe, egal ob diese innerhalb einer Paarbeziehung oder als Liebe der Eltern zu ihren Kindern und umgekehrt zum Ausdruck kommt, wird der jeweils andere zum maßgeblichen Faktor des eigenen Lebens. Liebe fußt auf wechselseitiger Bezogenheit, d. h., dass das jeweilige Leben auch aus der Perspektive des oder der relevanten anderen betrachtet und darauf bezogen wird. Daher zeigt sich die Form von Familienbeziehungen nicht nur in der Beziehung von Eltern zu ihren Kindern, sondern auch und vor allem in der Paarbeziehung, die sich – zumindest in der westlichen Moderne – durch eine Ganzheits-, sprich: eine Liebeserklärung etabliert und entwickelt: Die ganze Person des Gegenübers ist gemeint, nicht nur ein Teil wie etwa die Arbeitskraft, um die es in Organisationen bzw. Unternehmen geht. Alles, was an Verhaltensweisen in familiären Kontexten gezeigt wird, kann von den Familienmitgliedern als Kommunikation verstanden werden. In Familien sind wir sozusagen unter ständiger Beobachtung, mithin vollständig, mit allen unseren Persönlichkeitsteilen (zumindest potentiell) integriert, was auch als „Vollinklusion" bezeichnet wird.

Familien sind von einer besonders eng getakteten Gegenseitigkeit von Geben und Nehmen gekennzeichnet. Denn hier wird das Leben selbst, nämlich als biologische Existenz, weitergegeben. Diese Gabe bindet jene, denen das Leben gegeben wird, also die Kinder, an jene, von denen das Leben kommt, an die Eltern, die Großeltern, generell an die Ahnen. Damit und mit der Abhängigkeit der menschlichen Neugeborenen und Kleinkinder von den pflegenden, für- und versorgenden Eltern entwickelt sich das menschliche Gewissen als eine Art Familiengewissen, das alle Verhaltensweisen mit positiven Gefühlen belohnt, die die Zugehörigkeit zur primären Familiengruppe bestätigen, während Handlungen mit negativen Gefühlen („Gewissensbissen") einhergehen, die diese Zugehörigkeit beschädigen könnten.[17]

---

die These der „verdreifachten Familie" als Verbindung von Familien-, Organisations- und Netzwerkstrukturen bereits präsentiert wird.

[16] Luhmann (1982).

[17] Hondrich (2004).

All dies gilt ebenfalls für Gründer- und Kleinfamilien im Kontext von Familienunternehmen. Diese sind, wie alle anderen Familien auch, von den bio-psychosozialen Erfordernissen und Bedürfnissen geprägt, die das menschliche Leben ausmachen. Allerdings kommt in diesen Familien ein maßgeblicher Kontextfaktor und damit Einfluss hinzu, der die Herausforderungen des Familienlebens in nachhaltiger Weise erhöht: das sich im Eigentum von Familienmitgliedern befindende Unternehmen. Mitglieder dieser Familien leben gewissermaßen nicht nur ihr eigenes Leben; ihr Leben ist verbunden mit der Existenz eines oder mehrerer Unternehmen sowie den damit einhergehenden Verpflichtungen, etwa Mitarbeitenden gegenüber. Damit kommt ein eher familienfremdes Moment in die Familie hinein, das die Kommunikation beeinflusst und die Familie immer wieder in paradoxe Situationen hineinführt.[18]

Das familiäre Unternehmenseigentum ist zudem nicht nur in die Gegenwart der Sozialisation und in die Identitätsbildung der Familienmitglieder eingebunden. Es ist zudem sowohl mit der Geschichte als auch mit der Zukunft der Familie verklammert, weist also eine transgenerationale Komponente auf. Genau dies macht den besonderen Typus von Familienunternehmen aus: dass sich eine Koevolution von Familie und Unternehmen ergibt, die beide sozialen Systeme, sowohl die Familie als auch das Unternehmen, maßgeblich prägt, es kommt zu einer „wechselseitigen Einfärbung" in dem Sinn, dass die Familie unternehmensähnlicher und das Unternehmen familienähnlicher wird. Für die Mitglieder bedeutet dies, dass sie regelmäßig und anhaltend mit Paradoxien konfrontiert sind, weil die Logiken einer Familie und eines Unternehmens sich sehr voneinander unterscheiden.[19]

Je größer die Familie durch die transgenerationale Weitergabe des Unternehmens wird, desto wahrscheinlicher ist es, dass sich die familiäre Kontrolle des Unternehmenseigentums nicht mehr von selbst versteht. Vielfach wird Regulierungsbedarf an konkreten Aufgabenstellungen deutlich und führt so zur Ausbildung von formalen Governance-Strukturen. Spätestens dann, wenn Familienunternehmen in die dritte oder vierte Generation kommen und dann meist mehrere Kleinfamilien umfassen, die das Unternehmen besitzen, ergibt sich die Notwendigkeit, die unternehmensbezogene Kommunikation innerhalb der wachsenden Familie und damit den Familienzusammenhalt zu organisieren.

[18] Groth & v. Schlippe (2012).

[19] Ausführlich hierzu Simon et al. (2005), Wimmer et al. (2018).

Unternehmerfamilie 2.0: formal organisierte Unternehmerfamilie

Wenn sich Familien von Familienunternehmen organisieren, erweitern sie ihre Struktur um eine zweite Sozialform, um die formal organisierte Unternehmerfamilie. Genau genommen werden diese Familien erst so zur Unternehmerfamilie.[20] Denn sie reichern ihre Familiarität um einen familienfremden Aspekt an, weil sie neben ihrer Existenz als Familie eine spezifische Form von Familienorganisation ausbilden, um ihr gemeinsames Eigentum zu erhalten.[21] Sie müssen paradoxerweise etwas mehr zu einer Organisation werden, um langfristig Familie bleiben zu können.

Organisationen lösen andere soziale Bezugsprobleme als Familien. Organisationen sind darauf angewiesen, dass Entscheidungen getroffen werden. Und dafür binden sie Menschen in ihre Kommunikationen sach-, kompetenz-, leistungs- und funktionsbezogen sowie arbeitsteilig ein.[22] Im Gegensatz zu Familien beziehen sich Organisationen daher nicht ganzheitlich, sondern nur ausschnitthaft auf Menschen, was als „Teilinklusion“ bezeichnet werden kann. Hinsichtlich der Familien von Familienunternehmen kommt hinzu, dass zumindest aus rechtlicher Sicht eigentlich nur die Familienmitglieder zur Unternehmerfamilie gehören, die über Eigentumsanteile am Unternehmen verfügen und Führungsrollen innerhalb dieses einnehmen können. Praktisch wird die Zugehörigkeit zur formal organisierten Unternehmerfamilie aber eigens entschieden, versteht sich im Gegensatz zur Familienzugehörigkeit, die auf biologischer Verwandtschaft beruht, nicht von selbst. So werden etwa in einem Familienstrategieprozess Zugehörigkeitsregeln definiert, die eindeutig klären, wer, wann und wie in die formal organisierten Strukturen einzubeziehen ist.

Die formal organisierte Unternehmerfamilie entwickelt und implementiert Verfahren, Gremien, Funktionen und Positionen, die sich innerhalb einer Corporate und Family Governance wiederfinden und häufig im Rahmen einer Familienstrategieentwicklung geschaffen werden. Die Gremien, etwa ein Familienrat oder ein Gesellschafterausschuss, werden in aller Regel mit Personen aus der Unternehmerfamilie besetzt, die im Rahmen von Wahlverfahren bestimmt werden. Innerhalb der Gremien werden unternehmens- und/oder familienbezogene Entscheidungen getroffen. So kommt es zu einem für Organisationen typischen Prozess der funktionsbezogenen Hierarchiebildung, der ganz anders gestaltet ist als die Hierarchiebildung in der Familie, die sich über Generationszugehörigkeiten definiert.

---

[20] Ausführlich zur Entstehung der Unternehmerfamilie als eigenständiges soziales System Kleve (2021b).

[21] v. Schlippe et al. (2017).

[22] Beispielsweise Luhmann (2000).

In großen Unternehmerfamilien kann eine solch professionalisierte Organisation der Entscheidungsfindung dazu führen, dass es nur wenige „aktive" (i. S. v. durch Ausübung eines Amtes eingebundene), dafür aber immer mehr nicht-aktive Familiengesellschafter gibt. Letztere beobachten zwar die Geschicke des Unternehmens und stellen durchaus Ansprüche an Information, Mitbestimmung und Gewinnausschüttungen, beteiligen sich vielleicht noch an Wahlen und ausgewählten Treffen der Unternehmerfamilie bzw. der Gesellschafterinnen, bleiben aber ansonsten tendenziell „passiv". Mit zunehmender Größe des Eigentümerkreises stellt sich die Frage, wie die Identifikation und Partizipation der zahlreichen Anteilseigner hinsichtlich von Unternehmen und Familie gesichert werden können. Denn es ist ein Unterschied, ob die EigentümerInnen ihr Unternehmen analog eines Aktienbesitzes renditeorientiert bewerten oder ob sie die Idee eines Familienunternehmens als transgenerationalen Auftrag pflegen und das Eigentum als Leihgabe betrachten, die treuhänderisch an die nächsten Generationen weiterzugeben ist.

Darüber hinaus etablieren sich in Organisationen andere Formen der wechselseitigen Bezogenheit als in Familien. Hier wird für jede gezeigte Leistung eine rechtlich geregelte und ökonomisch verrechnete (finanzielle) Gegenleistung erwartet, also eine Form der Bezahlung bzw. Entlohnung. So kann die Erwartung der Mitglieder der Unternehmerfamilie, dass ihr Engagement für die Familie vergütet werde, zu Auseinandersetzungen führen, wenn ein Teil der Familie die jährlichen Gewinnausschüttungen als eine Art „Treuhändergebühr" und damit als ausreichende Vergütung für das gezeigte Engagement ansieht, während andere Mitglieder eine marktgerechte Bezahlung für jede investierte Stunde erwarten und wieder andere in einer Investment-Logik vor allem eine möglichst hohe Rendite auf ihren Anteil anstreben.

Je größer und damit vielfältiger, diverser, komplexer eine Unternehmerfamilie wird, desto unübersichtlicher werden die Herausforderungen des Familienmanagements und desto höher die Erwartungen an die verantwortlichen Personen und deren Kompetenzen. Entsprechend anspruchsvoll wird es, das Engagement für die Familie und die innerfamiliäre Kooperation anzuregen, zu pflegen und nachhaltig sicherzustellen. Damit taucht das zentrale Problem auf, dass in dynastischen Unternehmerfamilien innerfamiliäre, insbesondere informelle, gemeinschaftsbezogene Beziehungen, Kooperationen und Kollaborationen nicht wie selbstverständlich entstehen, sondern aktiv angeregt, geknüpft, gepflegt und gestaltet werden müssen. Genau an dieser Stelle lässt sich ein Sprung zur Komplexitätsstufe der Unternehmerfamilie 3.0 beobachten, und es zeigt sich eine dritte Form als Lösung: das soziale Familiennetzwerk.

Unternehmerfamilie 3.0: dynastische Unternehmerfamilie als Netzwerk

Mit der Logik des sozialen Netzwerks erreicht die wachsende Unternehmerfamilie eine neue Qualität, die gehandhabt werden muss: „Auf der einen Seite gibt es die Kleinfamilie, die nicht viel anders organisiert ist als bei allen anderen Menschen um sie herum, und auf der anderen Seite gibt es das durch das gemeinsame Eigentum geschaffene Netzwerk von Vettern und Cousinen (x-ten Grades), Eltern, Großeltern, Onkeln, Großtanten usw., das sich ebenfalls Familie nennt".[23] Solche Netzwerke können wir als Beziehungskontexte verstehen, die sich jenseits von engen Kleinfamilienbeziehungen und auch jenseits von Organisationszugehörigkeiten realisieren, sie liegen gewissermaßen quer dazu, bilden bestenfalls großzahlige Familiengemeinschaften.

Netzwerkbeziehungen lösen das Problem sozialer Einbindung dort, wo die zwischenmenschlichen Verhältnisse, die Sozialbeziehungen nicht über enge Verwandtschaftsbindungen und auch nicht über formale Organisationskontexte regelbar sind. So vollziehen sich etwa Freundschafts-, Bekanntschafts- und Nachbarschaftsbeziehungen als soziale Netzwerke. Entsprechend schlagen wir vor, die sozialen Beziehungen zwischen den vielen entfernt miteinander verwandten Mitgliedern sehr großer Unternehmerfamilien (etwa ab 50 Mitglieder) als soziale Netzwerkbeziehungen zu beschreiben und diesen Gedanken zum Ausgangspunkt einer Theorie der dynastischen Unternehmerfamilie zu machen. Wir gehen dabei von der folgenden These aus: Je besser es in diesen verzweigten Familiengesellschaften gelingt, Netzwerkbeziehungen anzuregen und dauerhaft zu stabilisieren, desto nachhaltiger werden sich der familiäre Zusammenhalt und die innerfamiliäre Kooperation entwickeln.

Denn eine elementare Qualität sozialen Verhaltens, die sich besonders in Netzwerkbeziehungen zeigt, besteht in der Balancierung von gegenseitigen Verpflichtungsgefühlen und entsprechenden Handlungen des Gebens und Nehmens, des Ausgleichs, der Rückgabe und der Weitergabe.[24] Netzwerkbeziehungen kommen zustande, wenn sich zwischen mehreren Personen oder auch Organisationen eine Gegenseitigkeit, eine Reziprozität von unspezifischem Geben und Nehmen, also eine wechselseitige Verpflichtung von Ausgleichshandeln entwickelt. Die Bezeichnung „unspezifisch" macht deutlich, dass es nicht um ein formal organisiertes, explizit klar definiertes Verhältnis geht, in dem rechtlich festgeschrieben ist, in welcher Weise der Ausgleich zwischen Geben und Nehmen zu erfolgen hat, sondern dass die Gaben und Gegengaben ganz unterschiedlich ausfallen können, aber dennoch miteinander „verrechnet" werden. Beispielsweise zeigt sich das,

---

[23] Simon (2012, S. 72).

[24] Stegbauer (2011).

was von den Mitgliedern des dynastischen Unternehmerfamiliennetzwerks in ganz unterschiedlicher Weise als Geben und Nehmen transferiert wird, in folgenden Formen:

- als Vertrauen in die Personen, die die Familie in den Gremien verantwortlich gestalten und verantworten,
- als Engagement für die Familie (etwa bei der Mitorganisation von Veranstaltungen), das individuelle Zeit und Energie kostet,
- als Bereitschaft, an Sitzungen, Fort- und Weiterbildungen für die Gesellschafterkompetenzentwicklung (GKE) teilzunehmen,
- als Erziehungsleistung zur Weitergabe der Werte von Unternehmen und Familie hinsichtlich des eigenen Nachwuchses oder
- grundsätzlich als gelebte Loyalität der dynastischen Unternehmerfamilie und dem Familienunternehmen gegenüber.

Sicher ist in Netzwerkbeziehungen, dass diejenigen, die etwas bekommen haben, auch selbst davon ausgehen, dass sie in absehbarer Zeit etwas zurückzugeben haben. Diese „Gegengabe" ist bezüglich ihrer Passung den Einschätzungen der beteiligten Personen ausgesetzt und kann in dynastischen Unternehmerfamilien generationsübergreifend verstanden und erwartet werden. Sie muss also aus der Perspektive der Beteiligten sowohl zu einem bestimmten Zeitpunkt als auch sach- und beziehungsbezogen als passend definiert werden, damit sie als Gabe im Netzwerkkontext der Reziprozität von Geben und Nehmen verrechnet wird. Damit zeigt sich in Netzwerken in besonders augenscheinlicher Form, dass soziales, zwischenmenschliches Handeln zugleich als Handeln im ökonomischen Sinne gesehen werden kann. Handeln ist demnach ein Austausch von Geben und Nehmen, ein Erwidern von Gaben und Gegengaben, ein Prozess der aktionalen Wechselseitigkeit.[25]

Solche wechselseitigen Prozesse schaffen Verpflichtungsgefühle und Loyalitäten, und zwar jenseits von kleinfamiliären Beziehungen, formal organisierten Positionen, Funktionen, Rechten und ökonomischen Ansprüchen. Allerdings werden die verpflichtenden Beziehungen und Loyalitäten nur dann dauerhaft tragen und die Beteiligten prägen, wenn der Ausgleich zwischen Geben und Nehmen nicht so erfolgt, dass er sich aus der Perspektive der Beteiligten in vollständiger Weise vollzieht: Erst der Unterschied zwischen der Geben- und Nehmen-Seite gewährleistet die Bindung. Wer etwas bekommen hat, könnte also etwas mehr zurückgeben als

[25] Bei Fritz B. Simon und Conecta (1998, S. 41) heißt es entsprechend: „Der Markt für Verhalten ist ein Tauschmarkt. […] Wer handelt, der handelt."

er erhielt, damit sich ein neuer Anspruch, eine aktualisierte Erwartung der Gegengabe generieren kann. Was die Beteiligten als angemessenes Geben und Nehmen bewerten, hängt von ihren persönlichen Verrechnungssystemen, ihren individuellen Kontoführungen und dem innerhalb des Familiennetzwerkes geltenden Wertekanon ab.[26]

Interessant ist in diesem Zusammenhang schließlich die Frage, wieviel Zeit zwischen Geben und Nehmen verstreichen kann, ohne dass die Erwartung der Wechselseitigkeit vergessen wird. Robert Axelrod erläutert in seiner Auseinandersetzung mit der menschlichen Kooperation das Phänomen der so genannten „Robustheit der Reziprozität".[27] Netzwerkbeziehungen seien robuster in ihrer Reziprozität, wenn der „Schatten der Zukunft"[28] groß genug ist, d. h. wenn „die Individuen eine hinreichend große Chance haben, sich wieder zu treffen, damit sie ein ausreichendes Interesse für ihre zukünftige Interaktion besitzen".[29] Speziell diese Voraussetzung ist in langlebigen dynastischen Unternehmerfamilien durch die verwandtschaftliche Zugehörigkeit, die gemeinsame Eigentümerschaft und die transgenerationale Perspektive per se gegeben. Zeit bildet damit in Unternehmerfamilien einen besonderen Kontext, da diese das Netzwerk sowohl tradiert, an die Vergangenheit, d. h. an die Gaben der Vorfahren bindet, als auch innoviert, also auf die zukünftigen Generationen von Familiengesellschaftern ausrichtet.[30] Dies wird dadurch realisiert, dass das aktuelle Unternehmenseigentum als treuhänderische Leihgabe betrachtet wird, die noch den zukünftigen Generationen zur Verfügung steht und an diese weitergegeben werden soll.

2.4 Fazit

Ein derartiges, mithin netzwerktheoretisches Verständnis von dynastischen Unternehmerfamilien ermöglicht es, Regelungen und Verhaltensmuster, die nicht notwendigerweise rein ökonomischen Prinzipien folgen, beschreibbar und erklärbar

[26] Stierlin (2005).

[27] Axelrod (2009, S. 157).

[28] Ebd. (S. 118).

[29] Ebd.

[30] Ausführlicher zum Aspekt der „doppelten Bindung" von Mitgliedern in Unternehmerfamilien, und zwar einerseits an die Vergangenheit und andererseits an die Zukunft: Kleve (2021a).

zu machen. Für das Management einer dynastischen Unternehmerfamilie bietet die Netzwerkperspektive neue Möglichkeiten, sich auf typische Ansätze und Vorgehensweisen aus der Netzwerktheorie sowie dem Management von sozialen Netzwerken zu beziehen.[31]

Literatur

Ammer, J. (2017). *Die Organisation der Unternehmerfamilie in Stämmen.* Vandenhoeck & Ruprecht.

Axelrod, R. (2009). *Die Evolution der Kooperation.* Oldenbourg.

Bommes, M., & Tacke, V. (Hrsg.). (2010). *Netzwerke in der funktional differenzierten Gesellschaft*. Springer.

Felden, B., Hack, A., & Hoon, C. (2019). *Management von Familienunternehmen. Besonderheiten, Handlungsfelder, Instrumente* (2. Aufl.). Springer Gabler.

Gersick, K., Davis, J., McCollom, M., & Lansberg, I. (1997). *Generation to generation. Life cycles of the family business.* Harvard Business School Press.

Granovetter, M. S. (1973). The strength of weak ties. *American Journal of Sociology, 78*(6), 1360–1380.

Groth, T., & Schlippe, A. v. (2012). Die Form der Unternehmerfamilie – Paradoxiebewältigung zwischen Entscheidung und Bindung. *Familiendynamik, 37*(4), 268–280.

Hirschberg, W. (Hrsg.). (2005). *Wörterbuch der Völkerkunde* (2. Aufl.). Reimer.

Hondrich, K.-O. (2004). *Liebe in Zeiten der Weltgesellschaft*. Suhrkamp.

Jaffe, D., & Lane, S. (2004). Sustaining a family dynasty: Key issues facing complex. Multigenerational business- and investment-owning families. *Family Business Review, 17*(1), 81–98.

Kellermanns, F. W., & Hoy, F. (Hrsg.). (2017). *The Routledge Companion to family business.* Routledge.

Kleve, H. (2020). *Die Unternehmerfamilie. Wie Wachstum, Sozialisation und Beratung gelingen.* Carl Auer Systeme.

Kleve, H. (2021a). Von Generation zu Generation: Psycho-soziale Aspekte der Weitergabe von Familieneigentum. *Praxis Unternehmensnachfolge, 2*(2021), 70–75.

Kleve, H. (2021b). Die Unternehmerfamilie als System. Zur funktionalen Ausdifferenzierung einer besonderen Sozialform. Erscheint in: EQUA-Stiftung (Hrsg.), *Unternehmerfamilien - Eigentum verpflichtet* (S. 14–36). EQUA-Schriftenreihe Band 27. Unternehmer Medien GmbH.

Kleve, H., Schlippe, A. v., & Rüsen, T. A. . (2018). Unternehmerfamilie 3.0. Die besondere Qualität sozialer Familiennetzwerke. *OrganisationsEntwicklung, 4*, 52–58.

Kleve, H., Schlippe, A. v., & Rüsen, T. A. (2019). Die „verdreifachte" Familie. Dynastische Unternehmerfamilien als Familien, Organisationen und Netzwerke: Skizze einer Theorieerweiterung. In H. Kleve, & T. Köllner (Hrsg.), *Soziologie der Unternehmerfamilie. Grundlagen, Entwicklungslinien, Perspektiven* (S. 249–266). Springer VS.

[31] Grundsätzlich dazu Granovetter (1973), Bommes & Tacke (2010).

Koeberle-Schmid, A., Fahrion, H.-J., & Witt, P. (Hrsg.). (2018). *Family Business Governance. Erfolgreiche Führung von Familienunternehmen* (3. Aufl.). Schmidt.

Luhmann, N. (1982). *Liebe als Passion. Zur Codierung von Intimität*. Suhrkamp.

Luhmann, N. (2000). *Organisation und Entscheidung*. Westdeutscher.

May, P. (2017). *Die Inhaberstrategie*. Murmann.

Melin, L., Nordqvist, M., & Sharma, P. (2014). *The SAGE Handbook of family business*. Sage.

Mitterauer, M. (2009). *Sozialgeschichte der Familie. Kulturvergleich und Entwicklungsperspektiven*. Braumüller.

Pieper, T. M. (2007). *Mechanisms to assure long-term family business survival: A study of the dynamics of cohesion in multigenerational family business families*. Lang.

Rüsen, T. A., & Löhde, A. S. (2019). *Die Unternehmerfamilie und ihre Familienstrategie – Einblicke in die gelebte Praxis von Family Governance*. Studie des Wittener Instituts für Familienunternehmen.

Rüsen, T. A., Schlippe, A. v., & Kleve, H. (2019). Die dynastische Großfamilie. Skizze eines spezifischen Typus von Unternehmerfamilien. In H. Kleve & T. Köllner (Hrsg.), *Die Soziologie der Unternehmerfamilie. Grundlagen, Entwicklungslinien, Perspektiven.* (S. 225–247). Springer.

Schlippe, A. v., Groth, T., & Rüsen, T. A. (2017). *Die beiden Seiten der Unternehmerfamilie. Familienstrategie über Generationen. Auf dem Weg zu einer Theorie der Unternehmerfamilie*. Vandenhoeck & Ruprecht.

Simon, F. B., Wimmer, R., & Groth, T. (2005). *Mehr-Generationen-Familienunternehmen*. Carl Auer Systeme.

Simon, F. B. (2012). *Einführung in die Theorie des Familienunternehmens*. Carl Auer Systeme.

Simon, F. B., & Conecta (1998). *Radikale Marktwirtschaft. Grundlagen des systemischen Managements*. Carl Auer Systeme.

Stegbauer, C. (2011). *Reziprozität. Einführung in soziale Formen der Gegenseitigkeit*. VS.

Stierlin, H. (2005). *Gerechtigkeit in nahen Beziehungen*. Carl Auer Systeme.

Wimmer, R., Domayer, E., Oswald, M., & Vater, G. (2018). *Familienunternehmen – Auslaufmodell oder Erfolgstyp?* (3. Aufl.). Springer.

Zellweger, T. (2017). *Managing the family business – Theory and practice*. Edward Elgar.

3 Sechs Kernfragen und Herausforderungen beim Management dynastischer Unternehmerfamilien

Zusammenfassung

Dieses Kapitel beschäftigt sich mit Kernfragen und Herausforderungen von dynastischen Unternehmerfamilien bzw. Unternehmerfamilien 3.0. Bei diesem Familientypus steht, neben der Ausübung der Eigentümerfunktion, die Organisation des Zusammenhaltes sowie der Umgang mit den Erwartungen ihrer Mitglieder an die Mitgliedschaft im Zentrum des Familienmanagements. Die Ausführungen basieren auf unseren ersten bereits veröffentlichten Ideen zu zentralen Ansatzpunkten eines Familienmanagements in dynastischen Unternehmerfamilien und stellen eine Weiterentwicklung dieser dar (Rüsen et al. (2019)). Anhand von sechs identifizierten Handlungsfeldern werden zentrale Fragestellungen aufgezeigt, die ein Big Family Management systematisch zu behandeln hat.

3.1 Ausgangslage

Die grundlegenden Inhalte und Herausforderungen bei der Entwicklung einer Familienstrategie der Unternehmerfamilie und ihrer systematischen Umsetzung mittels eines Familienmanagements wurden bereits umfänglich an anderer Stelle behandelt.[1] Die Betrachtung zentraler Fragestellungen großzahliger Eigentümerkreise und hier regelmäßig auftretender Handlungsnotwendigkeiten stellt jedoch ein Novum und einen bisher noch wenig behandelten Themenkomplex in der Forschung zu Unternehmerfamilien dar.[2]

---

[1] Hierzu u. a. Koeberle-Schmid et al. (2018); v. Schlippe et al. (2017); Zellweger, T. (2017) und die dort jeweils aufgeführte weiterführende Literatur.

[2] Jaffe (2020), Jaffe & Lane (2004), Simon et al. (2005), Rüsen & Löhde (2019).

T. A. Rüsen et al., *Management der dynastischen Unternehmerfamilie*,
https://doi.org/10.1007/978-3-662-63500-1_3

Wie bereits einleitend dargelegt, wurde an das Autorenteam 2016 die Anfrage einer systematischen Auseinandersetzung mit zentralen Fragestellungen beim Management des Gesellschafterkreises durch Vertreter dieses Unternehmerfamilientypus herangetragen. Zur Strukturierung hier virulenter Themenkomplexe fanden zunächst Einzelgespräche mit den Vertretern dreier dynastischer Unternehmerfamilien statt. Auf dieser Basis wurden erste Themencluster erstellt und die Entwicklung von Fragestellungen vorgenommen, die in einem gemeinsamen Workshop mit den FamilienvertreterInnen spezifiziert wurden. Aufbauend auf den Diskussionsergebnissen wurden weitere Themenfelder definiert, die dann einem erweiterten Kreis von VertreterInnen aus großzahligen Unternehmerfamilien vorgestellt und kritisch evaluiert wurden.

Durch dieses mehrstufige induktive Vorgehen konnten schließlich sechs Themenfelder und diesen zugehörige Fragestellungen herausgearbeitet werden.[3] Aus der Perspektive der teilnehmenden „Familienoberhäupter" betrachtet, sind diese Fragen für den Erhalt der dynastischen Unternehmerfamilie als generationenübergreifende Eigentümergemeinschaft des Familienunternehmens von überlebensrelevanter Bedeutung. Die Themenfelder sind in Abb. 3.1 dargestellt. Sie zielen im Kern auf die Schaffung von Bindung und Zusammenhalt der Eigentümergemeinschaft ab und können als eine Art systematisch notwendiger Gegenbewegung zu den sich zentrifugal auseinanderentwickelnden Familienstrukturen angesehen werden: „The key question for the dynasty is: ‚Why stay together?'".[4]

An den im Folgenden behandelten Fragestellungen werden spezifische Herausforderungen, Zerfallstendenzen und aktive Problemstellungen deutlich, die diesen Familientypus in seiner Fortexistenz besonders bedrohen. Insbesondere eine systematische und regelmäßige Reaktualisierung der Erwartungen, die jedes einzelne Mitglied der Eigentümergemeinschaft an diese stellt, scheint dabei von Bedeutung zu sein. Nur an den Traditionen und Vorstellungen der Vorväter festzuhalten oder „Familiendirektiven" vorzugeben in Kombination mit harten und einschränkenden Regelungen im Gesellschaftervertrag, wird von den Projektteilnehmenden als unzureichend für einen nachhaltigen und zukunftsfähigen Umgang mit den vorhandenen Vorstellungen, Wünschen und Bedürfnissen der Familiengemeinschaft angesehen.

[3] Ein ursprünglich angedachter siebenter Themenkomplex mit dem Titel „Umgang mit Sicherheitsrisiken", der wirksame Präventionsstrategien gegen Entführungen bzw. die Risikominimierung der Familie durch die sozialen Netzwerke bzw. etablierte digitale Kommunikationsstrukturen beinhalten sollte, wurde im Rahmen der thematischen Verdichtungen von den Projektteilnehmern verworfen.

[4] Jaffe & Lane (2004, S. 89).

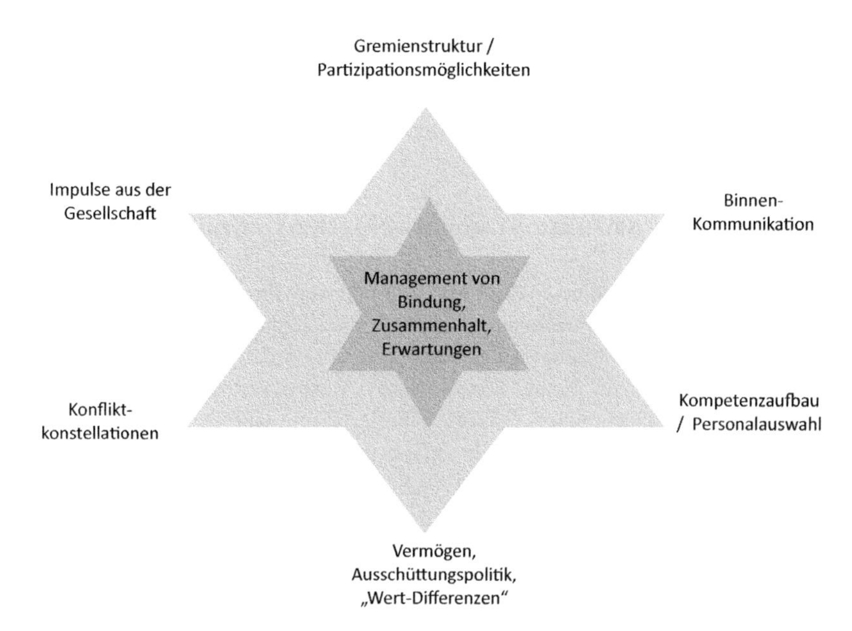

Abb. 3.1 Spezifische Herausforderungen von dynastischen Unternehmerfamilien (Entnommen und modifiziert aus Rüsen et al. (2019, S. 230))

Die Fragestellungen ergeben sich unserer Einschätzung nach zwangsläufig bei der exponentiellen Vergrößerung des Familienkreises. Die Familie besteht nicht mehr aus einer überschaubaren Ansammlung von Kernfamilien, die man persönlich mehr oder weniger gut kennt, sondern aus einer großen Anzahl z. T. völlig „fremder Menschen", die sich nur noch auf weit entfernte Vorfahren berufen. Der Gesellschafterkreis besteht aus einem Netzwerk von Menschen, die durch a) eine weitläufige verwandtschaftliche Beziehung sowie b) ein gemeinsames Eigentum miteinander verbunden sind (s. a. Kap. 2).

Grundsätzlich lassen sich die skizzierten Themenfelder und die hier im Fokus stehenden Fragestellungen auch in anderen Unternehmerfamilien mit deutlich weniger Mitgliedern beobachten. Allerdings scheinen in dynastischen Unternehmerfamilien systemimmanente Faktoren wirksam zu sein, die jenseits von Struktur- und Organisationsfragen eine spezifische Familiendynamik erwartbar machen, die in anderen Familientypen meist (noch) nicht dieselbe Relevanz besitzen. So führen weitverzweigte Verwandtschaftsgrade, dezentrale, oft über Zeitzonen und Kontinente hinweg verstreute Wohnsituationen und verschiedene

Muttersprachen zu besonderen Anforderungen an das Familienmanagement. Entsprechend laufen Unternehmerfamilien, bei denen die Anteile nicht nur an eine Person oder eine limitierte Anzahl von Familienmitgliedern übertragen werden, grundsätzlich auf die hier behandelten Fragestellungen zu.

3.2 Gremienstruktur und Partizipationsmöglichkeiten

Dieser Themenkomplex beschäftigt sich mit der Aufgabe des Familienmanagements, über die etablierte Gremienstruktur für eine als angemessen empfundene Einbindung und Partizipationsmöglichkeit für die Mitglieder der dynastischen Unternehmerfamilie zu sorgen. Die in diesem Zusammenhang aufkommenden Fragestellungen verdeutlichen, dass es sich hierbei um eine durchgängige paradoxe Herausforderung an die Family Governance handelt. So geht es *zum einen* darum, eine aktive und interessierte Beteiligung der GesellschafterInnen an den Entwicklungen des Unternehmens zu fördern und diese zur Anteilnahme und zum „Mitmachen" an der Unternehmensentwicklung bzw. dem Familienzusammenhalt zu ermutigen. *Zum anderen* hat das Familienmanagement darauf zu achten, dass sich ein Engagement nicht in undifferenzierter Einmischung in unternehmerische Entscheidungen ausdrückt, d. h. es sind die vorhandenen Family- und Corporate-Governance-Strukturen zu berücksichtigen und ggf. gemäß der Bedürfnislage innerhalb der Unternehmerfamilie anzupassen bzw. zu modifizieren. Hier haben sich informelle Informationsformate und Gesprächskreise bewährt. Die Auseinandersetzungen einer wachsenden Unternehmerfamilie um gute Formen der Teilhabe an Entscheidungsprozessen wurden im zweiten Kapitel bereits mit Bezug auf die Spannung skizziert, dass Unternehmerfamilien zugleich als Familien und als formale Organisationen (Unternehmerfamilie 2.0) beschrieben werden können. Der Entwicklungsschritt, dass sich die Familie auch als Unternehmerfamilie verstehen muss und sich damit sozusagen „verdoppelt",[5] wird von vielen Mitgliedern zunächst oft nicht verstanden und als schmerzlicher Eingriff erlebt. Die Notwendigkeit, sich als Familie wie eine Organisation aufzustellen und sich in diesem Rahmen „professionalisieren" zu müssen, Entscheidungsprozesse zu delegieren, Regelkommunikationen einzuhalten etc., wird bei der Einführung der Family Governance als eine Art familienfremdes „Implantat" erlebt und zum Teil den Gremienvertretern gegenüber als „Verlust der Familienkultur" beklagt (s. a. Kap. 2).

[5] v. Schlippe et al. (2017).

Für die dynastische Unternehmerfamilie (Unternehmerfamilie 3.0) sind diese Herausforderungen oftmals in der letzten oder vorletzten Generation überwunden worden. Hier stellt eher das Fehlen von Familiarität eine Fragestellung dar. So scheint das Etablieren einer ausgefeilten Organisation von Gesellschafterentscheidungsprozessen auf der anderen Seite mit einem Verlust der erlebten zwischenmenschlichen Nähe und dem familiären Zusammengehörigkeitsgefühl einherzugehen. Alle von uns befragten dynastischen Unternehmerfamilien haben komplexe Governance-Strukturen etabliert, die darauf abzielen, die Familien- und die Eigentümersphäre getrennt zu behandeln. Die Gremienbesetzung erfolgt nach gut eingeführten Wahlprozeduren, denen unmissverständliche Qualitätsanforderungen zugrunde liegen, die oft durch externe Assessments bestätigt werden. Der Wahlprozess in die Gremien ist für alle Mitglieder der Eigentümergemeinschaft transparent und somit sind ihre Vertreter gut legitimiert. Die Governance-Strukturen der Projektteilnehmenden unterscheiden sich. Es gibt Ansätze, innerhalb derer die stimmberechtigten Familiengesellschafter einem oder mehreren Gremien (u. a. als Gesellschafterausschuss, Aufsichts- oder Beirat, Familienrat bezeichnet) angehören (können). Diese Delegiertengremien bestehen selten aus mehr als 5 % bis 10 % der Familiengemeinschaft. Liegen disparitätische Anteilsstrukturen zwischen einzelnen Familienzweigen, Stämmen oder Kernfamilien vor, wird penibel darauf geachtet, dass es zu einer angemessenen Repräsentanz der unterschiedlichen Familienströme in diesen Gremien kommt. Die Gremienmitglieder bekommen die wesentlichen Informations- und/oder Entscheidungsrechte übertragen, verbunden mit der Aufgabe, die Eigentümerfamiliengemeinschaft angemessen umfänglich und regelmäßig zu informieren – ein repräsentatives Modell, das an politische Delegations- und Entscheidungssysteme angelehnt ist.

Die Herausforderungen beim Management einer dynastischen Unternehmerfamilie betreffen in diesem Themenkomplex also weniger die mögliche Einmischung der Familie in Unternehmensbelange. Vielmehr kann die starke Strukturierung dazu führen, dass die breite Masse der Familienmitglieder, die nicht in Gremien aktiv sind, das Interesse an der Entwicklung des Unternehmens bzw. an dem Familienzusammenhalt verlieren. Durch den hohen Professionalisierungsgrad in Kombination mit dem entfernten Verwandtschaftsgrad der Akteure droht die Familiarität als Bindeglied verloren zu gehen. Hier kann dann schleichend eine Investorenmentalität entstehen, bei der die einzelnen Gesellschafter zunehmend auf die Renditen des eigenen (meist sehr kleinen) Gesellschafteranteils schauen und auf eine marktübliche Verzinsung des eigenen unternehmerischen Risikos beim Halten der Unternehmensanteile pochen. So berechtigt und nachvollziehbar diese Renditeerwartungen auf der einen Seite sind, desto herausfordernder gestaltet sich die Steuerung des Unternehmens als Familienunternehmen. Nicht selten führt das Erfüllen der Renditeerwartungen und das gleichzeitige Aufrechterhalten der Wertevorgaben der Unternehmerfamilie in Bezug auf die Unternehmensführung (z. B. in Bezug auf Standortverlagerungen, Arbeitsbedingungen für die Mitarbeiter, Nachhaltigkeitsvorgaben etc.) in einen strukturellen Zielkonflikt. Die Diskussionen mit den teilnehmenden Familienrepräsentanten legen den Schluss nahe, dass der Verlust des Gemeinschaftsgefühls als Unternehmerfamiliengemeinschaft mit dem Verlust einer Treuhändermentalität und dem Einzug einer Investorenperspektive einhergeht.

Die konkreten Fragestellungen lauten hier:

- Durch welche Gremien, Partizipationsformen etc. können Mitglieder der Gesellschafterfamilie systematisch und aktiv eingebunden werden?
- Wie kann eine aktive Teilnahme von Gesellschaftern zwar gefördert, ein „Hineinregieren" einzelner Nicht-Delegierter in die Gremienarbeit jedoch zugleich verhindert werden?
- Wie kann das Interesse an einer Beteiligung an Arbeitskreisen, Ausschüssen, Familiengremien und damit an der Gesellschafterfamiliengemeinschaft geweckt werden?
- Wie können die Identifikation mit und zumindest ein minimales Interesse des einzelnen Familienmitglieds am Unternehmen auch dann gehalten werden, wenn dieses vermutlich keine Aussichten auf eine Position in den Governance-Strukturen hat?
- In welcher Form sind aktuell etablierte Strukturen zukunftsfähig, z. B. wie sieht die Familie bei der Fortsetzung der aktuellen Reproduktionsdynamik in 20 Jahren aus? Sind die vorhandenen Gremienstrukturen und die Familienorganisation dafür zukunftsfähig entwickelt und implementiert oder sind andere und ggf. zusätzliche Strukturen und Formate zur Partizipation notwendig?
- Welcher Aufwand für die Maßnahmen des Familienmanagements ist adäquat und wird von der Gemeinschaft akzeptiert? Wie hoch ist dieser im Vergleich zu den Aufwendungen für marktübliche Investor-Relations-Kosten? Existiert innerhalb der Gesellschafterfamilie ein Bewusstsein, dass die Kosten für den Zusammenhalt als Familiengemeinschaft notwendige Investitionen für den Erhalt der Zukunftsfähigkeit sind?
- Wie können innerhalb des Gesellschafterkreises verbindliche Beziehungen entstehen, die sowohl den familiären Zusammenhalt als auch die loyalen Bindungen zum Familienunternehmen stärken?

3.3 Kommunikation innerhalb der dynastischen Unternehmerfamilie

Eine zentrale Aufgabenstellung des Familienmanagements liegt in der Organisation der Kommunikation innerhalb der Familie. Dabei geht es sowohl um die Kommunikation wichtiger Entwicklungen im Unternehmen und der Familie als auch um die Organisation des Austausches innerhalb dieser. Die etablierten Kommunikationsmodelle der Gremienvertreter an die Eigentümergemeinschaft folgen einem, an die Kommunikationsstruktur des Unternehmens angelehnten, „Top-Down-Ansatz". So informieren die Firmen- bzw. Familiengremien zwar regelmäßig über die Veränderungen oder wichtige Entscheidungen des Unternehmens, es fehlt oftmals aber ein systematisch etablierter „Rückkanal" der Gemeinschaft an die Eigentümer- bzw. Familienvertreter. Diese bieten zwar immer wieder an, für persönliche Anliegen und Gespräche zur Verfügung zu stehen, systematische Rückkopplungsschleifen scheinen aber entweder kaum etabliert zu sein, oder sie zerfallen nach kurzer Zeit wieder. Familienbefragungen, in denen – ähnlich wie in einer Mitarbeiterbefragung im Unternehmen – die Kommunikationsbedürfnisse und die Zufriedenheit mit dem Informations- und Partizipationsangebot erhoben werden, erfolgen in den wenigsten Fällen und wenn, dann auch nur mit mäßiger Beteiligung. Es gab zu Beginn des Projektes auch kaum Kenntnisse über den tatsächlichen Nutzungsgrad etablierter Informationsmedien.

In diesem Zusammenhang berichteten die FamilienvertreterInnen vereinzelt über besorgniserregende Anzeichen für ein rückläufiges Interesse einzelner Personen oder – besonders bedrohlich – sogar ganzer Familienzweige. Auch wurde deutlich, dass ein einmal verloren gegangenes Interesse schwer und wenn überhaupt, dann letztlich nur durch zeitaufwendige persönliche Bemühungen und Kontaktaufnahmen, rückgängig zu machen ist. Dieser Umstand stellt das Familienmanagement aufgrund der großen Anzahl an Personen/-gruppen vor eine enorme Herausforderung. Auch wurde berichtet, dass Informationsangebote über die Geschehnisse im Unternehmen selten pro-aktiv angefragt werden, und das Interesse rückläufig zu sein scheint. Die strukturelle Veränderung langjährig etablierter Informations- und Kommunikationsformen (z. B. durch Gesellschafterbriefe) zugunsten moderner Informationstechnologien (z. B. durch die Einführung geschlossener „Family-Intranet-Lösungen") wird immer häufiger als notwendig betrachtet. In diesem Zusammenhang zeigt sich allerdings das Problem, dass die Erwartungen von jüngeren und älteren Familiengesellschaftern hinsichtlich der Formate oftmals einander diametral gegenüberstehen. Unternommene Versuche, die Kommunikation über eigens geschaffene Family-Intranet-Lösungen wieder in Schwung zu bringen, fördern zwar die Chancen, sich über Entwicklungen in Firma und Familie per Klick und Download zu informieren. Ob allerdings eine dauerhafte Steigerung der Bindung über „Family-Chats" gelingen kann, war im Projektverlauf nicht nachhaltig zu eruieren.

Der Einsatz von Online- und Videokonferenzsystemen als Kommunikationsmedium in der dynastischen Unternehmerfamilie war bis zum Ausbruch der Corona-Pandemie kein etabliertes Format. Ob die erzwungene soziale Distanzierung und das Ausbleiben persönlicher Austauschmöglichkeiten in 2020 zu einer nachhaltigen Veränderung der Kommunikationsstrukturen innerhalb der an dem Projekt beteiligten Familien geführt haben, ist zum Zeitpunkt der Veröffentlichung dieses Werkes nicht bekannt. Unsere Erfahrungen mit anderen, etwas kleineren, Unternehmerfamilien haben jedoch gezeigt, dass der Einsatz entsprechender Technologien meist nur vereinzelt und vor allem von jüngeren Mitgliedern des Familienkreises angenommen und in eine Regelkommunikation aufgenommen wird[6]. Im Kontext der Familie scheint der persönlichen Begegnung offenbar der Vorzug – auch auf Kosten längerer Perioden der Nicht-Kommunikation – gegeben zu werden. Familien mit größeren Familienzweigen, die im Ausland leben, haben zudem die Herausforderungen der entstehenden Mehrsprachigkeit zu bewältigen, etwa indem Online-Konferenzen in den jeweiligen Sprachen separat durchzuführen sind.

Neben diesen strukturellen Herausforderungen sind bei den teilnehmenden dynastischen Großfamilien vielfältige Formate etabliert worden, die den Familienmitgliedern die Möglichkeit geben, einander kennenzulernen und zu begegnen. So werden regelmäßige „Schnittstellen" und Kontaktflächen angeboten, die Interaktion und einen persönlichen Austausch möglich und wahrscheinlich machen. Die Angebote reichen von Familientreffen bis zu spezifischen Familienbesprechungen in kleineren Gruppierungen oder informellen Treffen im Rahmen von Gesellschafterversammlungen (oder davor). Für das Familienmanagement bleibt es gleichwohl eine besonders herausfordernde Aufgabe, gerade die Mitglieder der Familiengemeinschaft zu motivieren und anzuregen, die derartige Angebote nicht ohnehin regelmäßig annehmen (nach dem Motto: „Es kommen immer wieder dieselben, meist die Kernfamilien der Funktionsträger"). Grundsätzlich stellt sich in diesen Familien die Aufgabe, reziproke Netzwerkstrukturen zu initiieren, zu etablieren und zu pflegen, die ein Geben und Nehmen der Familienmitglieder innerhalb der Unternehmerfamilie sicherstellen (s. Kap. 2).

[6] Siehe ausführlich hierzu Rüsen (2021).

Eine zusätzliche Problematik zeigte sich bei Familienunternehmen, deren Anteile teilweise an der Börse gehandelt werden. In diesen Fällen hat das Familienmanagement eine doppelte Herausforderung zu leisten: einerseits den Kontakt zu den Familienmitgliedern zu pflegen und gleichzeitig diesen verständlich zu machen, dass keine Insiderinformationen an nahe Verwandte herausgegeben werden dürfen (s. a. Kap. 5). Besonders an diesem Punkt zeigt sich sehr deutlich, dass die aktienrechtlichen Vorgaben in krassem Gegensatz zu den familiären Erwartungen stehen.

Die konkreten Fragestellungen an das Familienmanagement in Bezug auf Kommunikation innerhalb des Gesellschafterkreises lassen sich wie folgt zusammenfassen:

- Wie kann dafür gesorgt werden, dass möglichst viele Gesellschafter einander kennenlernen, damit diese ein Bewusstsein für das „Netzwerk Unternehmerfamilie" entwickeln und die Chance auf Identifikation mit dem Unternehmen als generationenübergreifendes Familienunternehmen (und eben nicht als Investment) steigt?
- Wie können der Kommunikationsgrad und der wechselseitige Austausch innerhalb des Gesellschafterkreises erhöht werden?
- Wie können Informationen zielgruppengerecht und attraktiv so aufbereitet werden, dass diese von den Mitgliedern des Gesellschafterkreises angenommen und intensiv genutzt werden?
- Wie lassen sich Strukturen entwickeln, die dauerhaft wechselseitige Kommunikation und reziproke Verbindlichkeiten zwischen den Gesellschaftern ermöglichen?
- Wie können intelligente Austausch-Formate bei persönlichen Treffen mit großen Teilnehmerzahlen aussehen?
- Wie lassen sich Online- bzw. Videoconferencing-Formate für großzahlige Teilnehmerveranstaltungen sinnvoll nutzen?
- Wie kann intelligent mit Mehrsprachigkeit, Zeitzonendifferenz und unterschiedlichem Kommunikationsverhalten innerhalb der Familie umgegangen werden?
- Wie können „verlorene" bzw. passive Familienmitglieder zurückgewonnen bzw. (re)aktiviert werden?

3.4 Kompetenzaufbau und Personalauswahl

Dieser Themenblock beinhaltet die spezifischen Fragestellungen im Umgang mit der vorhandenen und einer zukünftig notwendigen Kompetenz der Mitglieder aus der Eigentümergemeinschaft. Die vorherigen Ausführungen haben die Notwendigkeit, gut ausgebildete Nachwuchskräfte aus den Reihen der Familiengesellschafter für die Gremienarbeit zu gewinnen, bereits verdeutlicht. Insbesondere hinsichtlich dieser Aufgabenstellung existieren Befürchtungen in Bezug auf entstehende Kompetenz-Lücken in Zukunft. Die Entwicklungsdynamiken der Unternehmen, insbesondere im Bereich der globalen Wertschöpfungsketten sowie der Digitalisierung von Dienstleistungen und Produkten, der innerbetrieblichen Wertschöpfungsprozesse sowie des Geschäftsmodells, fordern mitunter völlig neuartige Fähigkeiten und Kompetenzen der Gremienmitglieder.[7] Die von den projektteilnehmenden Unternehmerfamilien etablierten Qualifikations- und Weiterbildungsansätze variieren sehr deutlich. So existieren strukturierte Familienakademien (wie beispielsweise die „Merck Family University"), in denen unterschiedliche, aber aufeinander aufbauende Module und eine Teilnahme daran als erwünschte Voraussetzung für eine Kandidatur für ein Gremium gefordert werden (Modell „Lernen auf Vorrat"),[8] über strukturierte Workshop-Reihen, über Coachings und Trainings für gewählte Neumitglieder eines Gremiums (Modell „Lernen bei Bedarf"),[9] bis hin zu Ansätzen, die darauf setzen, dass allein die schiere Größe der Familie ausreichend kompetente Familienmitglieder hervorbringen mag (Modell „Laissez-faire").

Auch bei der Frage zur Nachbesetzung altersbedingter Austritte von Gremienvertretern werden Nachwuchssorgen deutlich. Während bei dem familienexternen oberen Führungskreis des Unternehmens eine dezidierte Nachwuchs- und Karriereplanung durch die Organisation stattfindet, in deren Rahmen Nachwuchstalente schrittweise in vakant werdende Positionen aufrücken oder von außen rekrutiert werden, folgt die Nachbesetzung der durch die Familiengemeinschaft besetzten Gremien einer anderen Logik. So ist die Mitgliedschaft in einem Gremium demokratisch geregelt und erfolgt durch Wahl und für eine bestimmte Amtsperiode. Die Gremienbesetzung kann hier nicht mehr allein nach Beliebtheit der Einzelperson oder rein nach Stammeszugehörigkeit erfolgen. Meist werden Personen favorisiert, die das Unternehmensgeschehen aus der Position des „einfachen" Gesellschafters heraus engagiert begleitet und über die Zeit entsprechende

[7] Rüsen, Heider, Hülsbeck, Bretschneider (2019).

[8] Ausführlich hierzu Rüsen und Stangenberg-Haverkamp (2020).

[9] Zum Programm der Familie Freudenberg siehe Simons (2020).

Gesellschafterkompetenzen entwickelt haben.[10] Oftmals entsteht systematisch allerdings das Problem, dass potenziell für eine entsprechende Aufgabe in den Eigentümer- oder Familiengremien geeignete Familienmitglieder diese Ämter nicht parallel zu ihrer bisherigen beruflichen Betätigung ausüben können. In diesem Zusammenhang wurde auch als Problem genannt, dass hochkompetente Familienmitglieder, die sich aufgrund ihrer Ausbildung und Führungserfahrung in ihrer bisherigen Berufskarriere hervorragend für ein Amt z. B. als Mitglied des Gesellschafterausschusses eignen würden, nicht bereit sind, ihre eigene Karriere zugunsten des Familienunternehmens aufzugeben. Das Risiko einer Abwahl nach einer oder zwei Amtszeiten und der dann realisierten Nachteile einer erneuten Berufsaufnahme außerhalb des Familienunternehmens werde als zu hoch eingeschätzt.

Die am Forschungsprojekt teilnehmenden Familienmitglieder sehen hier insgesamt die große Gefahr, dass die geringe Zahl verfügbarer Plätze, die hohe Selektivität in deren Besetzung und das Risiko einer Abwahl zum nachhaltigen Verlust des Interesses kompetenter Familienmitglieder an der gemeinsamen Fortführung der Eigentümerschaft als dynastische Unternehmerfamilie führen könnten.

Kernfragen umfassen hier:

- Wie kann eine familieninterne Ausbildung organisiert werden, die eine hohe Grundkompetenz der Gesellschafterinnen sicherstellt, ohne Personen, die zumeist einer eigenen Berufstätigkeit nachgehen, zu überlasten, und ohne dass solche Maßnahmen verpflichtend eingefordert werden können?
- Wie können Familienmitglieder mit relevanten Erfahrungen/Führungstätigkeiten für eine Mitarbeit im Aufsichtsgremium gewonnen und an diese herangeführt werden?
- Wie kann die Gremientätigkeit mit einer Berufstätigkeit intelligent so kombiniert werden, dass die Voraussetzungen für eine Mitarbeit hierin nicht gerade zur Verhinderung der „klügsten Köpfe“ aus der Familie führen? Welche Anreize können für das Engagement in Gremien bei gleichzeitiger Aufgabe des bisherigen Berufes geschaffen werden?

[10] Rüsen et al. (2014), Horváth, Kirchdörfer & v. Schlippe (2015), Rüsen (2020).

3.5 Vermögen, Ausschüttungspolitik und Wert-Differenzen

Bei diesem Themenkomplex geht es um den Umgang und die innerfamiliäre Haltung zu den Verkehrswerten der Gesellschafteranteile und zu dem hierdurch im Familienunternehmen gebundenen Vermögen. Die Projektteilnehmenden beschrieben die hier verstärkt auftauchenden Diskussionen im Umfeld von Gesellschafterversammlungen als eine klassische Paradoxie, die in der Forschung folgendermaßen beschrieben wurde: „may be rich on paper, but not in pocket".[11] Familiengesellschafter werden hier in gewisser Weise zu „Opfern" des Unternehmenserfolges der letzten Jahrzehnte, d. h. nach betriebswirtschaftlichen Berechnungsmethoden ergeben sich in der Regel hohe Differenzen zur gelebten Ausschüttungspolitik. Während die Elterngeneration oftmals noch dramatische und traumatische Nachkriegserfahrungen persönlich erlebt hat, steht nun eine Gesellschaftergeneration in der Verantwortung, die zwar die Werthaltung der Vorgeneration kennt und auch in vieler Hinsicht teilt, sich gleichzeitig aber veränderten ökonomischen Realitäten ausgesetzt sieht. Hinzu kommt, dass die meisten dieser Unternehmen in der aktuellen Generation (erstmalig) im Mentalen Modell der *aktiven Eigentümerfamilie* angekommen sind[12] und die Frage einer „angemessenen Verzinsung" der Gesellschafteranteile neu auszutarieren ist. Gelten die Größen des Kapitalmarktes oder soll man sich an dem Handeln und Verhalten der Vorfahren orientieren, die in der Regel den Großteil der Erträge reinvestiert und so für das sich nun auszahlende Wachstum des Familienunternehmens gesorgt haben? Hier kommt es zu klassischen familienstrategischen Fragestellungen, die sich in einem nicht-trivialen potentiell paradoxen Spannungsfeld bewegen. Diese werden oft innerhalb der dynastischen Großfamilien hoch-kritisch und mitunter emotional diskutiert – etwa wenn es um die Frage geht, wie mit der Erbschaftssteuer zu verfahren ist, wer diese zu tragen hat und durch wen hier eine angemessene Vorsorge erfolgen sollte (diese bezieht sich ja auf den rechnerischen Anteilswert und nicht auf die tatsächlich getätigten Ausschüttungen).

Aufgrund der Familienkonstellation kommt hinzu, dass die allermeisten Eigentümerinnen der großen Familien oft nur noch Anteile halten, die lediglich in Prozentbruchteilen oder gar im Promillebereich liegen. Auch wenn der rechnerische Wert oft noch sehr hoch ist, beträgt auch die jährlich darauf realisierte Ausschüttung meist nur einen Bruchteil. Die Verlockungen, diesen zu verkaufen und so einen Wert von etwa 50–100 Ausschüttungen als Betrag auf

[11] Aronoff & Ward (2011, S. 18).

[12] v. Schlippe et al. (2017) sowie Gimeno et al. (2010).

einmal zu realisieren, nehmen zu. Ähnliches gilt auch für im Ausland lebende Familiengesellschafter, deren Ausschüttungen zum Großteil durch ungünstige Besteuerungsgesetze aufgezehrt werden.

Die hier virulenten Fragestellungen haben eine besondere Brisanz, geht es doch um „das liebe Geld". Lassen sich bei den anderen Kernfragen meist über einen längeren Zeitraum einvernehmliche Lösungen finden, sind hier entstehende innerfamiliäre Spannungen und Verwerfungen schnell von einer toxischen Qualität, sie enden im Eskalationsfalle meist mit einem Austritt der unzufriedenen Familienmitglieder. Neben dem dann folgenden oft sehr hohen Kapitalabfluss besteht die Gefahr, dass in der verbleibenden Familiengemeinschaft neidisch auf das realisierte Vermögen der nun ausgetretenen Vettern und Cousinen geschaut wird und der Gemeinschaftsgedanke zusätzlich unter Druck gerät. Die Sicherstellung der Beziehungen zueinander, zum Familienunternehmen im Einklang mit einer zufriedenstellenden Haltung und Praxis des Vermögenstransfers, stellt daher eine zentrale Aufgabe des Familienmanagements in dynastischen Unternehmerfamilien dar.

Hinzu kommt, dass oftmals eine so genannte Treuhändermentalität das Selbstverständnis der Familiengesellschafter über lange Zeit bestimmt hat. Diese wird bei einem Eigentümerkreis von den Dimensionen der dynastischen Unternehmerfamilie und der natürlich steigenden Distanz des Einzelnen zum Unternehmen zunehmend hinterfragt. Über lange Zeit wurden Argumente und Narrative fraglos akzeptiert, wonach die Sparsamkeit der Vorfahren und die reinvestierten Gewinne früherer Zeiten überhaupt erst das Wachstum und die Entwicklung des Unternehmens (und seines Wertes) zur heutigen Höhe ermöglicht haben und es daher die „Pflicht" eines jeden Gesellschafters sei, weiter so zu verfahren. Diesen wird weniger Beachtung geschenkt, insbesondere dann, wenn durch eine hinzugewonnene Transparenz über die Vermögensverhältnisse sehr große Disparitäten bei der Anteils- und Ausschüttungsverteilung zwischen den einzelnen Kernfamilien sichtbar werden. Eine Verzichtsbereitschaft analog zu der Haltung früherer Generationen bzw. die Schaffung von Risikopuffern durch paternalistische Formen der Vermögensverwaltung durch das Unternehmen bzw. restriktive Organisationen der Familie (u. a. Vermögensholdings, Fondslösungen etc.) sind als Argumente oftmals nicht mehr ausreichend, um eine ähnliche Bereitschaft in der Gegenwart für zukünftige Generationen zu etablieren. Das Bild des „von den Enkeln geborgten Eigentums"[13] verblasst in seiner Strahl- und Überzeugungskraft. Der Zerfall des Gemeinschaftsgedankens[14] stellt sich schleichend ein und wird durch eine

[13] Jaffe (2020).

[14] Simon et al. (2005).

Individualisierung und Investorenmentalität ersetzt. Hiergegen anzuarbeiten und das Konstrukt der dynastischen Unternehmerfamilie mit ihrer transgenerationalen Perspektive als Netzwerk von Mitgliedern mit gleichgerichteten Interessen und Werten als nachhaltigen Sinnattraktor zu etablieren, ist in diesem Zusammenhang besonders gefordert.

Zentrale Fragestellungen sind in diesem Zusammenhang:

- Wie lässt sich der Unterschied zwischen dem tatsächlichen Wert der Anteile und den gezahlten Ausschüttungen (insbesondere bei Eignern von Kleinstanteilen) sinnvoll argumentativ vermitteln?
- In welcher Form ist mit Gesellschaftern von Kleinstanteilen umzugehen? Stehen hier Aufwand und Nutzen der Zugehörigkeit für alle Beteiligten noch in einem produktiven Verhältnis?
- Wie soll mit nachvollziehbaren Forderungen nach Kapitalmarktorientierung umgegangen werden, ohne implizit eine Investorenmentalität zu fördern?
- Sollen der Austausch und die Diskussion über Fragen des Vermögens, der Vermögensverwaltung durch das Familienmanagement „organisiert" werden? Oder ist die Haltung „über Geld spricht man nicht" vorzuziehen?
- Welche Organisation des Umgangs und der Verwaltung des nicht im Familienunternehmen gebundenen „Sekundärvermögens" der Unternehmerfamilie soll es geben (Laissez-faire vs. Family Office)?
- Wie offen oder restriktiv soll/darf/muss der Anteilsverkauf gehandhabt werden?

3.6 Konfliktkonstellationen in dynastischen Unternehmerfamilien

Die sich aus der Differenz von Familien- und Unternehmenslogik ergebende, oft durch Paradoxien gekennzeichnete Konfliktspannung in Unternehmerfamilien ist ein viel beachtetes Thema in Forschung und Ratgeberliteratur.[15] Allerdings ist auch hier die Situation in dynastischen Großfamilien anders als bei den meisten kleineren Unternehmerfamilien. Aus der Familienzugehörigkeit werden hier nur selten Ansprüche angemeldet, und die oft hoch konflikthaft besetzte Frage von Personalentscheidungen (Zugang zu operativen oder Gremienpositionen) ist klar und formalisiert geregelt. Hier entstehen Konflikte, wenn es im Rahmen

[15] Zusammengefasst siehe z. B. v. Schlippe (2014).

von Wahlen zu deutlichen Gesichtsverlusten einzelner Personen kommt. Konflikte betreffen eher die mikropolitische Ebene, wenn sich etwa zwei oder mehr Stakeholder mit größeren Anteilen über unterschiedliche Interessen auseinandersetzen oder alte ungelöste und transgenerational weitergegebene Konflikte erneut eskalieren. Diese Konflikte sind jedoch eher untypisch. Gefährlicher wäre es, wenn eine unausgesprochene Unzufriedenheit dazu führen würde, dass eine große Gruppierung innerhalb der Unternehmerfamilie Konfliktpotential in das Gesamtsystem hineinbringen würde (z. B. die Gemeinschaft der „kleinen Anteilseigner" vs. die „Großen"). Verschiedentlich exponieren sich hier auch einzelne Personen besonders, „Störenfriede", bei denen nicht abzuschätzen ist, ob sie sich möglicherweise nur persönlich profilieren wollen oder ob sie tatsächlich den Unmut einer Untergruppe der Gesellschafterfamilie ausdrücken.

Die Projektteilnehmenden berichten hier vor allem von proaktiven Strategien, Konfliktanlässe gar nicht erst entstehen zu lassen (ausführlich s. Kap. 8). So werden durch exponierte VertreterInnen der Gesellschafterfamilien Einladungen an die in ihrer jeweiligen Region lebenden Familienmitglieder ausgesprochen. In zwangloser Atmosphäre, beim Essen oder Kamingespräch wird versucht, möglichen Unmut abzufangen und zu kanalisieren *(„Wenn das Unternehmen sie verloren hat, kann nur die Familie sie wieder zurückgewinnen!"[16])*. Die Rolle einer „Ombudsperson", an die sich unzufriedene Familienmitglieder wenden könnten, wird seltener erwogen. Vorgegebene Vorgehensweisen zur außergerichtlichen Konfliktbearbeitung bzw. der systematische Aufbau familieninterner Kompetenzen zum deeskalierenden Umgang des Familienmanagements mit Konflikten waren nur in wenigen Familien etabliert.

Fragen, die sich in diesem Zusammenhang ergeben, sind etwa:

- Welche Formen des Umgangs mit Konflikten sollten innerhalb der Gesellschafterfamilie etabliert werden?
- Welche Kompetenzen zum Konfliktmanagement werden innerhalb des Familienmanagements gezielt aufgebaut?
- Wo und wie sollen Konflikte innerhalb der Gesellschafterfamilie adressiert werden können?
- Welche alternativen Streitbeilegungsformen sollen/müssen innerhalb der Gesellschafterverträge geregelt werden?
- In welcher Form kann anhaltend kritisierenden Familienmitgliedern begegnet werden?

---

[16] Im Folgenden und durchgängig im Buch werden wörtliche Zitate unserer Projektpartner jeweils in Anführungszeichen gesetzt und durch Kursivsetzung gekennzeichnet.

- Welche Form des Umgangs soll/muss mit öffentlich und/oder innerhalb der Familie geäußerter Kritik gewählt werden?
- Welche Grundhaltung gegenüber Konflikten (Gefahr des destruktiven Streits vs. Chance für konstruktive Entwicklung) ist innerhalb der Familie etabliert?

3.7 Impulse aus der Gesellschaft

Die untersuchten Unternehmerfamilien sind wie alle anderen Familien auch dem gesellschaftlichen Wandel ausgesetzt. So beeinflussen auch hier die Individualisierungs- und Pluralisierungsprozesse unserer postmodernen Gesellschaft die Sozialisationsverläufe und individuellen Erwartungen von Mitgliedern dieser Familien.[17] *Zum einen* verändern sich hierdurch die persönlichen Ansprüche an das eigene Leben. Der individuellen Selbstverwirklichung und dem Wunsch, den eigenen, ganz spezifischen, möglicherweise auch unkonventionellen Lebensweg zu gehen, wird mitunter ein höherer Stellenwert eingeräumt als loyalen Familienbindungen und erwartungskonformem Handeln im Blick auf die Eltern bzw. die erweiterte Verwandtschaft. Nicht selten entstehen Haltungen und Einstellungen, die im günstigsten Fall die Nachhaltigkeitsorientierung im Eigentümerkreis und hierüber die entsprechende Politik des Unternehmens positiv beeinflussen. *Zum anderen* entstehen dadurch postmoderne Familienstrukturen, in denen alleinerziehende Elternteile, nicht-eheliche oder homosexuelle Partnerschaften, Patchwork-Familien etc. zur sozialen Normalität werden. Das Konstrukt einer dynastischen Unternehmerfamilie mit ggf. sehr konservativen Werthaltungen und Erwartungsstrukturen passt hier oftmals nur noch schwer in die reale Lebenswirklichkeit.

In den einzelnen Kernfamilien der dynastischen Unternehmerfamilie vollzieht sich damit etwas, was wir auch in anderen gesellschaftlichen Sphären beobachten können. Das Projekt, verstanden als temporäre Vorhaben, die beginnen und enden, wird zur zentralen Sozialform.[18] Nicht nur die Berufsausübung wird heutzutage oft projekthaft gestaltet, auch die private Partnerschaftsbeziehung wird nicht selten zu einem „Lebensabschnittsgefährtentum“. Dies steht häufig im Kontrast zu den Erwartungshaltungen in Unternehmerfamilien, die beständige Bindungen, dauerhafte Loyalitätsverpflichtungen, das Abschließen von Eheverträgen, eine steuerlich tragfähige Wahl des Lebensmittelpunktes etc. vorgeben.

---

[17] Dazu etwa Leiß (2014), Kleve (2020, S. 54 ff.).

[18] Baecker (2007).

Zudem sind Unternehmerfamilien mit oft einschneidenden politischen Entwicklungen und rechtlichen Veränderungen (etwa hinsichtlich der Erbschaftssteuer) konfrontiert. Auch erleben sich die Mitglieder von Unternehmerfamilien im politischen und generell im öffentlichen Diskurs oft als sehr einseitig wahrgenommen, etwa als „die Reichen" oder „die Kapitalisten", die ein besonders privilegiertes Leben haben und daher ihrer „starken Schultern" wegen steuerlich besonders heranzuziehen seien.[19] Die besondere Funktion von Familienunternehmen und deren Eigentümerfamilien für unser Wirtschaftssystem, die Bedeutung dieser Eigentumsform für den Erhalt von Standorten, Arbeitsplätzen etc., wird in der Öffentlichkeit seltener wertschätzend kommentiert. Zu dieser Problemstellung wurde von den Projektteilnehmenden erwähnt, dass ein Familienmitglied, wenn es in seinem privaten Umfeld mit entsprechenden Positionen und Sichtweisen konfrontiert wird, selten über das Wissen und den Erfahrungshintergrund verfügt, Argumente für das eigens gelebte transgenerationale Familienunternehmertum zu liefern. Oftmals wird als Konsequenz ein „einfacherer Weg" gewählt, indem die Mitgliedschaft in der dynastischen Unternehmerfamilie im privaten Sozialkontext „verheimlicht" wird. Inwieweit der Eigentümerschaft am Familienunternehmen mit schambehafteten Gefühlen begegnet wird und wie sprachfähig die verschiedenen Familien hierzu und zu anderen emotionalen Themen sind, konnte im Rahmen des Projekts nicht weiter vertieft werden.[20] Vermutlich werden diese Aspekte auch eher im Kontext der Kleinfamilien behandelt.

Fragen, die sich hinsichtlich des gesellschaftlichen Kontextes von Unternehmerfamilien stellen, sind beispielsweise:

- Wie wird in Unternehmerfamilien sowohl der semantische als auch der strukturelle Wandel der Gesellschaft aufgenommen?
- Wie progressiv oder wie konservativ empfindet sich die Familie, wie ist sie also in der Lage, Phänomene des gesellschaftlichen Wandels anzunehmen und zu akzeptieren bzw. abzuwehren und auszuschließen?
- Wo und wie haben Familienmitglieder die Möglichkeit, über die gesellschaftlichen Einflüsse auf das eigene und familiäre Leben zu reflektieren?
- Welche Rolle sollen Entwicklungen in der Gesellschaft in der Kommunikation innerhalb der Unternehmerfamilie spielen (sollen diese gezielt zum Thema gemacht werden)?

---

[19] Exemplarisch dazu Wagenknecht (2013).

[20] Hierzu ausführlich beispielsweise Brundin und Härtel (2014).

- Wie geht die Familie mit politischen und rechtlichen Fragestellungen um (z. B. mit Hintergrunddiskussion und Wandlungen im Rahmen der Erbschaftssteuerdiskussion)?

3.8 Fazit

Die aufgeworfenen Fragestellungen stellen für die Verantwortlichen des Familienmanagements in dynastischen Großfamilien aktuelle Herausforderungen dar. Hier geht es darum, auf der Basis gut etablierter Strukturen dafür zu sorgen, dass den zentrifugalen Dynamiken entgegengesteuert wird und immer wieder neu Identifikation, Bindung, Motivation innerhalb des großen Familiennetzwerks entstehen kann. In den folgenden Kapiteln werden die Fragestellungen differenziert betrachtet und die gefundenen Lösungsansätze diskutiert.

Literatur

Aronoff, C., & Ward, J. (2011). *From siblings to cousins: Prospering in the third generation and beyond*. Palgrave McMillan.

Baecker, D. (2007). *Studien zur nächsten Gesellschaft*. Suhrkamp.

Brundin, E., & Härtel, C. (2014). Emotions in family firms. In L. Melin, P. Sharma, & M. Nordqvist (Hrsg.), *The SAGE Handbook of family business* (S. 529–548). Sage.

Gimeno, A., Baulenas, G., & Coma-Cross, J. (2010). *Familienunternehmen führen, Komplexität managen*. Vandenhoeck & Ruprecht.

Horváth, P., Kirchdörfer, R., & Schlippe, A. v. (2015). Gesellschafterkompetenz – Der gut informierte Gesellschafter. *Familienunternehmen und Stiftungen, 5*(1), 3–6.

Jaffe, D. (2020). *Borrowed from your grandchildren. The evolution of 100-year family enterprises*. Wiley.

Jaffe, D., & Lane, S. (2004). Sustaining a family dynasty: Key issues facing complex multigenerational business- and investment-owning families. *Family Business Review, 17*(1), 81–98.

Kleve, H. (2020). *Die Unternehmerfamilie. Wie Wachstum, Sozialisation und Beratung gelingen*. Carl Auer Systeme.

Koeberle-Schmid, A., Fahrion, H.-J., & Witt, P. (Hrsg.). (2018). *Family Business Governance. Erfolgreiche Führung von Familienunternehmen* (3. Aufl.) Schmidt.

Leiß, G. (2014). *„Ich seh das Ganze als Staffellauf". Intergenerative Aushandlung im Nachfolgeprozess von Unternehmerfamilien*. Carl Auer Systeme.

Rüsen, T. A. (2020). Gesellschafterkompetenz in Unternehmerfamilien – Alles, was ein Gesellschafter und dessen Angehörige wissen und können sollten. In T. A. Rüsen & A. Heider (Hrsg.), *Aktive Eigentümerschaft im Familienunternehmen – Gesellschafterkompetenz in Unternehmerfamilien entwickeln und anwenden* (S. 25–48). Schmidt.

Rüsen, T. A., Heider, A., Hülsbeck, M., & Bretschneider, U. (2019). Die digitalisierte Unternehmerfamilie – Spezifische Einflüsse und Herausforderungen für Digitalisierungsdynamiken in Familienunternehmen. *FuS – Familienunternehmen und Strategie, 9*(3), 90–95.

Rüsen, T. A., & Löhde, A. S. (2019). *Die Unternehmerfamilie und ihre Familienstrategie – Einblicke in die gelebte Praxis von Family Governance.* Studie des Wittener Instituts für Familienunternehmen.

Rüsen, T. A., Schlippe, A. v., & Kleve, H. (2019). Die dynastische Großfamilie. Skizze eines spezifischen Typus von Unternehmerfamilien. In H. Kleve & T. Köllner (Hrsg.), *Die Soziologie der Unternehmerfamilie. Grundlagen, Entwicklungslinien, Perspektiven* (S. 225–247). Springer VS.

Rüsen, T. A., & Stangenberg-Haverkamp, F. (2020). Die Entwicklung von Gesellschafterkompetenz in der Familie Merck. In T. A. Rüsen & A. Heider (Hrsg.), *Aktive Eigentümerschaft im Familienunternehmen – Gesellschafterkompetenz in Unternehmerfamilien entwickeln und anwenden* (S. 393–398). Schmidt.

Rüsen, T., Schlippe, A. v., & Groth, T. (2014). Gesellschafterkompetenz in Familienunternehmen. Über gezielte Aus- und Weiterbildungsprogramme in Unternehmerfamilien. *Familienunternehmen und Stiftungen*, 101–108.

Rüsen, T. A. (2021). Management der Unternehmerfamilie 4.0 – Formen eines digitalisierten Familienmanagements und Ansätze, den Austausch und Zusammenhalt in einer Lockdown-Situation zu organisieren. FuS – Familienunternehmen und Strategie. 02/2021, 42–48.

Schlippe, A. v. (2014). *Das kommt in den besten Familien vor. Systemische Konfliktberatung in Familien und Familienunternehmen.* Concadora.

Schlippe, A. v., Groth, T., & Rüsen, T. A. (2017). *Die beiden Seiten der Unternehmerfamilie. Familienstrategie über Generationen. Auf dem Weg zu einer Theorie der Unternehmerfamilie.* Vandenhoeck & Ruprecht.

Simon, F. B., Wimmer, R., & Groth, T. (2005). *Mehr-Generationen-Familienunternehmen.* Carl Auer Systeme.

Simons, F. (2020). Entwicklung von Gesellschafterkompetenz am Beispiel der Familie Freudenberg. In T. A. Rüsen & A. Heider (Hrsg.), *Aktive Eigentümerschaft im Familienunternehmen – Gesellschafterkompetenz in Unternehmerfamilien entwickeln und anwenden* (S. 399–404). Schmidt.

Wagenknecht, S. (2013). *Freiheit statt Kapitalismus. Über vergessene Ideale, die Eurokrise und unsere Zukunft.* dtv.

Zellweger, T. (2017). *Managing the family business – Theory and practice.* Edward Elgar.

4 Gremienstruktur und Partizipationsmöglichkeiten – Formen einer „angemessenen" Family Governance für dynastische Unternehmerfamilien

Zusammenfassung

In diesem Kapitel beschäftigen wir uns mit einer zentralen Herausforderung, vor der sich das Familienmanagement in dynastischen Unternehmerfamilien sieht: einerseits „optimale" Governance-Strukturen einzurichten und andererseits zugleich für die Familienmitglieder eine breite Palette von Möglichkeiten zur Partizipation bereitzustellen. So geht es darum, reibungslose und rechtskonforme Prozesse einzurichten, die sicherstellen, wie Entscheidungen getroffen werden und wie die großzahlige Eigentümergemeinschaft wirksam Aufgaben der Kontrolle der Unternehmensführung wahrnimmt. Gleichzeitig hat das Familienmanagement für formelle und informelle Strukturen, Prozesse und Aktivitäten zu sorgen, die es dem einzelnen Gesellschafter ermöglichen, sich zu richtungsweisenden Entwicklungen und Entscheidungen in Bezug auf das Unternehmen wie auch die Eigentümergemeinschaft zu äußern. Hierdurch sollen die Mitglieder der dynastischen Unternehmerfamilie die Erfahrung machen, an zentralen Entscheidungen – im Rahmen der gebotenen Strukturen – mit „beteiligt" zu sein und in ihrer Ansicht „gehört" worden zu sein. Dieses Herstellen von Entscheidungsfähigkeit bei gleichzeitiger Ermöglichung von Partizipationserfahrungen stellt ein grundsätzliches und potentiell paradoxes Spannungsfeld für das Familienmanagement in dynastischen Unternehmerfamilien dar.

4.1 Ausgangslage

„Man muss ein vernünftiges Verhältnis zur Macht haben, um die Familie zusammenzuhalten und die Unternehmensleitung bestellen und kontrollieren zu können. Gleichzeitig muss man sich aber auch zurücknehmen können, um die Familie

T. A. Rüsen et al., *Management der dynastischen Unternehmerfamilie*,
https://doi.org/10.1007/978-3-662-63500-1_4

nicht zu entmündigen und die operative Leitung des Unternehmens durch die Unternehmensleitung zu akzeptieren."

Das aufgeführte Zitat eines am Projekt teilnehmenden Familienoberhaupts verdeutlicht die strukturelle Herausforderung der Governance-Struktur in dynastischen Unternehmerfamilien. So sind durch die gesellschaftsrechtlichen Vorgaben bestimmte Rechtsnormen zur Einhaltung der Eigentums- und Kontrollrechte eines Familiengesellschafters zu wahren.[1] Diese Eigentumsrechte umfassen, je nach Rechtsform und konkreter Ausgestaltung der Führungs- und Überwachungsorganisation des Familienunternehmens, mitunter wesentliche Kontroll- und unternehmerische Mitbestimmungsrechte der Gesellschafter.

In allen teilnehmenden Unternehmerfamilien waren die hierzu etablierten Governance-Mechanismen auf der formellen Seite an die Strukturen von großen Kapitalgesellschaften (GmbH, AG, SE) angelehnt, auch wenn spezifische Rechte zur Entscheidung in Unternehmensbelangen durch besondere Rechtskonstruktionen vorbehalten wurden. Hierdurch sind im Vergleich z. B. zu am Kapitalmarkt gelisteten Publikumsgesellschaften entscheidende Möglichkeiten der Einflussnahme durch die Familienvertreter sichergestellt. Hier zeigt sich die Unternehmerfamilie in ihrer Eigentümerfunktion gegenüber a) anderen familienexternen Eigentümern (im Falle einer Börsennotierung) und b) dem überwiegend rein familienexternen Top-Management.

Durch die Bündelung der Stimmen auf einige wenige Repräsentanten des großzahligen Eigentümerkreises werden dabei Entscheidungsprozesse effizient gestaltet. Wie im zweiten Kapitel ausgeführt, haben dynastische Unternehmerfamilien hierfür im Zeitverlauf formale Strukturen entwickelt. Die von den Projektteilnehmern beschriebenen Herausforderungen liegen nun jedoch darin, eben diese große Familiengemeinschaft in die Unternehmensentwicklung mit einzubinden, um einem Interessensverlust bzw. einer Passivierung des Mitgliederkreises entgegenzuwirken. Wie kann die „Stimme der Familie" gehört und zugleich die Entscheidungsfähigkeit der Familie im Einfluss auf die Unternehmensführung sichergestellt werden? Hierzu werden z. T. aufwendige Kommunikationsformate (siehe auch das folgende Kap. 5) entwickelt.

Die Aufgabe des Familienmanagements hat sich, den Aussagen der Projektteilnehmenden zufolge, in den letzten Jahren stark gerade um diesen kommunikativen/partizipatorischen Aspekt erweitert. In den ersten Entwicklungsphasen der Family Governance stand meist im Rahmen der Professionalisierung der

---

[1] Zu den Rechten eines Eigentümers bzw. der Funktion der Corporate Governance eines Familienunternehmens in Abgrenzung zu anonymen Publikumsgesellschaften u. a. Hülsbeck (2020), Kormann (2014, 2017), Hennerkes & Kirchdörfer (2015), Koeberle-Schmid et al. (2012), May & Bartels (2017).

Unternehmerfamilie 2.0 die Einführung und Stabilisierung von Strukturen im Vordergrund. Diese sollten sicherstellen, dass nicht zu viel Familiendynamik in das Unternehmen bzw. in die Wahl- und Entscheidungsprozesse des Eigentümerkreises einfließt. Doch dies ist sorgfältig auszutarieren. Die Familiness, die Familienhaftigkeit, ist eine besondere Ressource, auch in den dynastischen Unternehmerfamilien (s. a. Kap. 5).[2] So geht es immer wieder auch darum, Familiarität zu fördern und aufzugreifen, um den Wettbewerbsvorteil, den die Familie bieten kann, zu nutzen. Die Sensibilität hierfür ist in den letzten Jahren deutlich gestiegen. Zugleich muss dies aber auf eine organisierte Weise geschehen. Das gezielte Einführen von Partizipationsmöglichkeiten und das systematische Einfordern, an entsprechenden Angeboten teilzunehmen, sind eher jüngere Phänomene. Neben Strukturen, die Partizipation ermöglichen, geht es hierbei insbesondere um spezifische Formen der Kommunikation, die sich jenseits einer reinen Informationsvermittlung bewegen.[3]

Aktivitäten, die auf eine (Re-) Aktivierung von Familiarität abzielen, werden dabei dann entweder durch das Eigentümerdelegiertengremium[4] (in nahezu allen großen Unternehmerfamilien in Form eines Gesellschafterausschusses organisiert) oder durch ein separates Familiengremium vorgenommen (in diesem sind in aller Regel auch mehrere Mitglieder des Gesellschaftergremiums vertreten). Diese doppelte Aufgabenstellung einer Managementorganisation der dynastischen Unternehmerfamilie ist in Abb. 4.1 schematisch dargestellt.

4.2 Erhalt der Entscheidungsfähigkeit – jenseits des reinen Delegationsprinzips

Wie dargelegt, macht die schiere Größe des Eigentümerkreises in dynastischen Unternehmerfamilien Delegationsstrukturen erforderlich. In diesen werden, wie von der Gesellschafterversammlung per Satzung festgelegt, weitestgehende Rechte des einzelnen Gesellschafters an das Gesellschaftergremium übertragen. Durch diese Delegation fällt dem Gremium, ähnlich wie in politisch-demokratischen Systemen, ein enormes Machtpotenzial zu. Hier werden die wesentlichen Weichen in Bezug auf die zukünftige Ausrichtung des Unternehmens, über die Höhe der Ausschüttungen, die familienstrategische Entwicklung etc. getroffen. Der Wahl dieses Gremiums kommt somit eine besondere, wenn

[2] Weismeier-Sammer et al. (2013).

[3] Hierzu ausführlich das folgende Kap. 5.

[4] Im Folgenden als Gesellschaftergremium bezeichnet.

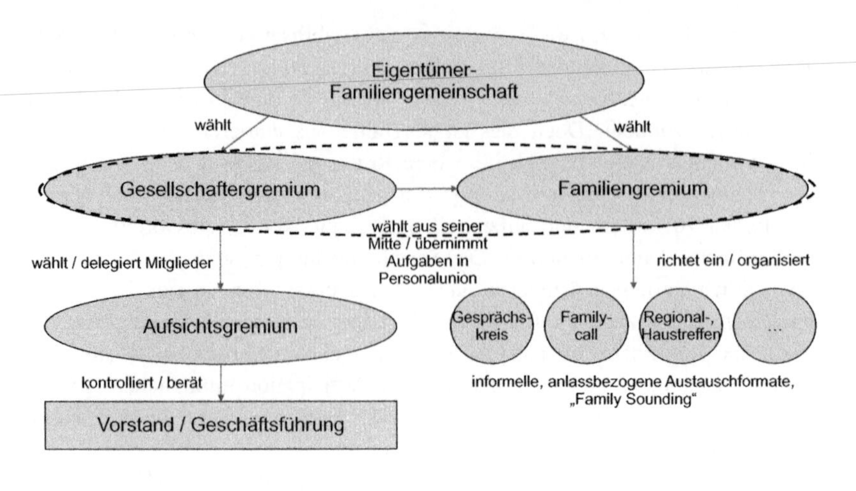

Abb. 4.1 Schematische Gremienstruktur und Aufgabenstellung des Familienmanagements in dynastischen Unternehmerfamilien

nicht sogar die entscheidende Bedeutung im Rahmen eines Familienmanagements dynastischer Unternehmerfamilien zu.

Genaugenommen ist es die zentrale Aufgabenstellung des Delegiertengremiums, die Familiengemeinschaft dabei zu unterstützen und zu „lenken", einmal alle vier oder fünf Jahre eine Wahl durchzuführen, die von der überwältigenden Mehrheit akzeptiert und als angemessen erlebt wird. Gelingt dies nachhaltig, hat das Familienmanagement eine seiner Hauptaufgaben erfüllt: Eine reibungslose und beschädigungsfreie Wahl kompetenter Kandidaten in das Gesellschaftergremium kann als ein zentraler Qualitätsmaßstab sämtlicher vorheriger Maßnahmen und Aktivitäten des Familienmanagements angesehen werden.

Durch die hier handelnden Personen ist in diesem Zusammenhang nicht nur eine breite Legitimation der Delegierten sicherzustellen (diese repräsentieren als Gruppe in einigen Fällen lediglich nur einen Teil des Gesamtkapitals), sondern es ist dabei gleichzeitig darauf zu achten, dass die unterschiedlichen „Strömungen" der Unternehmerfamilie berücksichtigt werden und sich die dynastische Unternehmerfamilie durch ihr Gesellschaftergremium angemessen in ihrer Gesamtheit repräsentiert fühlt. Wenn das Gefühl eines „abgekarteten Spiels" aufkommt (z. B. ausschließlich Mitglieder aus einem Familienzweig oder einer Region, nur Personen eines bestimmten Alters, keine weiblichen Familienmitglieder etc.), ist die

Steuerung des Unternehmens bzw. der Familiengemeinschaft potenziell störanfällig, und kritische Entwicklungen des Unternehmens bzw. Gruppenkonflikte in der Familiengemeinschaft können sich schlimmstenfalls zu einer Systemkrise entwickeln. Mindestens würde dieses Gefühl zu einem schleichenden Prozess des Loslösens aus dem generationenübergreifenden Familienverbund derjenigen Familienteile führen, die sich nicht angemessen repräsentiert fühlen.

Dem Management der dynastischen Unternehmerfamilie kommt daher bei der Anbahnung, Durchführung und dem Umgang mit dem Wahlergebnis eine erhebliche Bedeutung zu, die an dieser Stelle nicht genug hervorgehoben werden kann. Ein Projektteilnehmer beschrieb die Herausforderung in diesem Zusammenhang mit folgendem Satz: *„Wo Macht ist und wo Geld ist, ist immer die Gefahr, dass die falschen Leute dahin streben."* Die gefundenen Lösungen der projektteilnehmenden Unternehmerfamilien zeigen, wie sensibel hier teilweise verfahren wird. So wird in allen Fällen, unabhängig von dem jeweiligen Wahlverfahren, sehr genau darauf geachtet, dass es für Kandidaten zu keinem Gesichtsverlust kommt. In allen Familien gab es Erfahrungen über die zerstörerische Wirkung von entsprechenden Beschädigungen von Familienmitgliedern in der Vergangenheit (siehe Kap. 8).

Im Falle von Stammesstrukturen ist die Anzahl der Plätze, die ein Stamm in diesem Gremium belegen kann, dem Anteilsproporz entsprechend festgelegt, den dieser Stamm am Stammkapital repräsentiert. Hier werden dann innerhalb der einzelnen Stämme Wahlen der Stammesvertreter durchgeführt.

In Fällen, bei denen die Anteilsverteilung erhebliche Asymmetrien aufweist und Einzelpersonen bzw. Kernfamilien im Verhältnis zur gesamten Gemeinschaft signifikante Anteilspakete am Unternehmen halten, muss dafür Sorge getragen werden, dass sowohl die Eigentumsrechte der „großen" Anteilseigner wie auch der Gruppe der kleineren und Kleinstgesellschafter in einem Delegiertengremium angemessen berücksichtigt werden. Bei diesen Konstellationen haben sich *Blockwahlen* vielfach bewährt. Hierbei wird das gesamte Gremium und die hierin tätig werdenden Familienmitglieder in Summe zur Wahl gestellt. Nicht die einzelne Person, sondern ein Team, eine Gruppe stellt sich zur Wahl. Es wird deutlich, dass bei diesem Wahlverfahren die Intelligenz in der Zusammenstellung des zur Wahl gestellten Teams liegt. Dies bedeutet, dass im Vorfeld sehr genau eruiert werden muss, welche Personenkonstellation eine angemessene Repräsentanz der Familiengemeinschaft und ihrer unterschiedlichen Subsysteme zeigt und somit wahlfähig wird. Die wesentliche Arbeit findet hier also vor der Wahl statt, denn eine Nicht-Wahl des vorgeschlagenen Gremiums käme einem massiven Misstrauensvotum gegenüber den handelnden Personen gleich. Die Projektteilnehmer berichteten hier, dass es noch nie zu einer Nichtannahme eines Blockwahlvorschlages kam, im Gegenteil, die Zustimmungsquoten wurden als „sehr hoch" beschrieben, was als Indikator für das wichtige Austarieren der angemessenen Repräsentanz gewertet werden kann.

Bei den Projektteilnehmerinnen, die über annähernd gleichverteilte Anteilsgrößen verfügen, konnten wir zwei Wahlverfahren beobachten:

Bei der *Direktwahl* stellen sich Kandidaten bei freiwerdenden Sitzen im Delegiertengremium nach vorheriger Einreichung von Unterlagen (Lebenslauf und Motivationsschreiben) im Rahmen einer Gesellschafterversammlung vor die Eigentümerfamiliengemeinschaft und halten ein Wahlplädoyer. Danach wird frei und geheim über die Kandidaten abgestimmt. Die Projektteilnehmenden nennen in Bezug auf dieses Wahlverfahren eine wesentliche Voraussetzung zur Realisierung der Amtsübernahme der Kandidaten die Fähigkeit, *„die volle Härte der Demokratie aushalten zu können. Wir setzen allerdings seit Jahrzehnten auf die Intelligenz der Familie, Schönredner von gewissenhaften Familienmitgliedern unterscheiden zu können. Allerdings ist es bei Abwahlen für die betroffenen Familienmitglieder dann erst einmal nicht ganz einfach, das zu verdauen"*. Da sich dieses Verfahren in der Familiengemeinschaft jedoch etabliert hat, wird es von allen Beteiligten als passend und dem innerfamiliären Demokratieverständnis entsprechend empfunden.

Bei der *zweistufigen Direktwahl* muss eine Kandidatin sicherstellen, dass sie zunächst eine Mindestanzahl von unterstützenden Mitgesellschaftern mobilisieren kann (erste Stufe). Hierdurch soll die Anzahl der Kandidierenden bei einer Wahl eingegrenzt werden. Um dann in das Gremium gewählt zu werden, wird mindestens die einfache Mehrheit des stimmberechtigten Kapitals benötigt (zweite Stufe). Gibt es mehr Kandidierende als Plätze in einem Wahlgang, werden diese nach der Höhe des Zustimmungsergebnisses vergeben. Kommt für die Kandidaten keine einfache Mehrheit zustande, bleiben Gremienplätze sogar unbesetzt. Der breiten Legitimation der Familienvertreter wird im Vergleich zur vollständigen Besetzung der Gremienplätze ein höherer Stellenwert eingeräumt.

Übersicht

Beschreibung der zweistufigen Direktwahl einer am Projekt teilnehmenden Unternehmerfamilie.

„Die erste Stufe besteht darin, dass ein zur Vertraulichkeit verpflichteter, externer Wahlleiter die Gesellschafter in einem längeren zeitlichen Vorlauf zur Wahl bittet, Kandidaten zu benennen, die sie für die Wahl vorschlagen; dabei müssen die Gesellschafter zur Gültigkeit ihres Wahlvorschlags eine Mindestanzahl benennen, um nicht nur einzelne favorisierte Personen

zu unterstützen, sondern sich auch mit weiteren potentiellen Kandidaten ernsthaft zu befassen und um sicherzustellen, dass genügend Kandidaten für die Besetzung des Eigentümergremiums gefunden werden. Die aus diesem Findungsprozess hervorgegangenen Personen erhalten vom Wahlleiter vertraulich die Rückmeldung über ihren prozentualen Stimmenanteil und können sich somit auf der Basis ihrer Nennungen entscheiden, ob sie ihre Kandidatur aufrechterhalten wollen. Der Wahlleiter fragt dabei jede Kandidatin/ jeden Kandidaten individuell, ob sie oder er sich für die Wahl aufstellen lässt. Wer als Kandidat bleibt, dem wird empfohlen, sich einem Assessment durch einen neutralen externen Personalexperten zu unterziehen, um für sich selbst nochmals über seine Kandidatur Klarheit zu erhalten. Von dieser Empfehlung machen erfahrungsgemäß die Kandidaten Gebrauch und das Ergebnis fließt in ihre Entscheidung ein.

Erst dann (zweite Stufe) wird vom Wahlleiter die Kandidatenliste für die Wahl erstellt und an die Gesellschafter versandt. Gewählt ist, wer mindestens 50 % der Stimmen erreicht. Die Ergebnisse (Prozentzahlen) werden auf zwei Kommastellen genau bekannt gegeben. Somit können die Wahlberechtigten bei einem weiteren Wahlgang abschätzen, welche verbleibenden Kandidaten noch echte Chancen haben, um die Stimmen wirksam einsetzen zu können. Briefwahl ist (für Gesellschafter, die nicht zur Gesellschafterversammlung kommen können) zulässig.

Falls die Maximalzahl der verfügbaren Plätze nicht erreicht wird, findet unmittelbar nach dem ersten Wahlgang ein zweiter Wahlgang statt. Werden dabei insgesamt zwei Drittel der Plätze durch die Wahl besetzt, ist die Wahl abgeschlossen. Wird diese Zahl nicht erreicht, findet ein dritter Wahlgang am Folgetag statt. Bei diesem dritten Wahlgang reicht dann die relative Mehrheit für die Wahl.“

Logik der zweistufigen Direktwahl einer dynastischen Unternehmerfamilie; Quelle: Projektteilnehmer (anonym).

4.3 Abgrenzung und Inklusion – Möglichkeiten der Partizipation

Wie im vorherigen Abschnitt ausgeführt, ist die Installation eines legitimierten Delegiertengremiums als eine der zentralen familienstrategischen Aufgaben einer dynastischen Unternehmerfamilie anzusehen. Dieses Gremium stellt neben der Kontrolle und strategischen Begleitung gegenüber dem Top-Management-Team gleichzeitig sicher, dass die Eigentümergemeinschaft mit einer Stimme spricht bzw. koordiniert und abgestimmt gegenüber dem Unternehmen und dessen Governance-Strukturen auftritt. So besteht hier eine der Herausforderungen beim Management der dynastischen Unternehmerfamilie darin, eine „Grenze" für die Familienmitglieder in Bezug auf das Unternehmen zu ziehen. Es soll grundsätzlich nicht zu Einmischungen einzelner Familienmitglieder in Unternehmensbelange jenseits der etablierten Gremien, Prozessen und Strukturen kommen. So kann beispielsweise ein unabgestimmter und unangemeldeter Besuch eines Familiengesellschafters bei einer Niederlassung oder Tochtergesellschaft in bester Absicht erfolgen. Doch ein solches kurzfristiges „Vorbeischauen" von Eigentümern in Kombination mit missverständlichen und kritischen Aussagen zur allgemeinen Geschäftsentwicklung in der Region, am Standort etc. kann das lokale Management-Team unter enormen „Stress" setzen. Auch gut gemeinte Ratschläge oder unachtsame Kommentierungen zur Strategie bzw. von Direktiven aus dem Stammhaus können schlimmstenfalls sogar die Führungsorganisation „in Unordnung" bringen. Hier braucht es ein klares Regelwerk zum Vorgehen und Verhalten der Familiengesellschafter, ein Projektteilnehmer hierzu: *„Wir erklären der Familie immer wieder, dass ein 'Hineinregieren' zu Chaos und damit Schwächung der Familie führt und dass daher grundsätzlich die direkte Kontaktaufnahme zu Mitarbeitern oder Mitgliedern der Geschäftsleitung durch Gesellschafter nicht erlaubt ist und nur nach Genehmigung durch die Gremienvorsitzenden erfolgen darf."*

Gleichzeitig sehen alle Projektteilnehmenden, dass die in den letzten 20 bis 30 Jahren eingeführte starke Strukturierung und Professionalisierung der Familien in Bezug auf das Unternehmen auch dazu führen kann, dass sich die breite Masse der Familienmitglieder, die nicht in Gremien aktiv sind, „mental zurückzieht". Vereinzelt lassen sich Tendenzen erkennen, dass das Interesse an der Entwicklung des Unternehmens bzw. an dem Familienzusammenhalt verloren zu gehen droht und schleichend eine Investorenmentalität einzieht.

Vor diesem Hintergrund ist die Einführung von strukturellen Möglichkeiten zur Partizipation eine zentrale Aufgabe für das Familienmanagement, um eine aktive und interessierte Beteiligung der Gesellschafter und Gesellschafterinnen an den Geschehnissen des Unternehmens zu fördern. Diese sollen zur Anteilnahme und zum Mitmachen an der Unternehmensentwicklung bzw. dem Familienzusammenhalt ermutigt werden, ohne die Autonomie der etablierten Governance-Strukturen bzw. die Legitimation der Delegiertengremien in Frage zu stellen – eine Sisyphos-Aufgabe, die ein wenig an die „Quadratur des Kreises" erinnert.

Die im folgenden aufgeführten Maßnahmen und Aktivitäten zur Schaffung von Partizipationsmöglichkeiten für den Mitgliederkreis der dynastischen Unternehmerfamilie (siehe Abb. 4.2) werden entweder durch die für die „Familienarbeit" zuständigen Mitglieder des Eigentümergremiums oder durch das Familiengremium organisiert. Je nach Inhalt, Umfang, Regelmäßigkeit und Vorbereitungsaufwand sind Formen und Formate zur Schaffung von Partizipationsmöglichkeiten formell organisiert oder finden informell am Rande von bestehenden Veranstaltungen (vor oder nach Gesellschafterversammlungen, im Rahmen von Weiterbildungsaktivitäten etc.) statt bzw. entstehen spontan und anlassbezogen, etwa auf Initiative Einzelner.

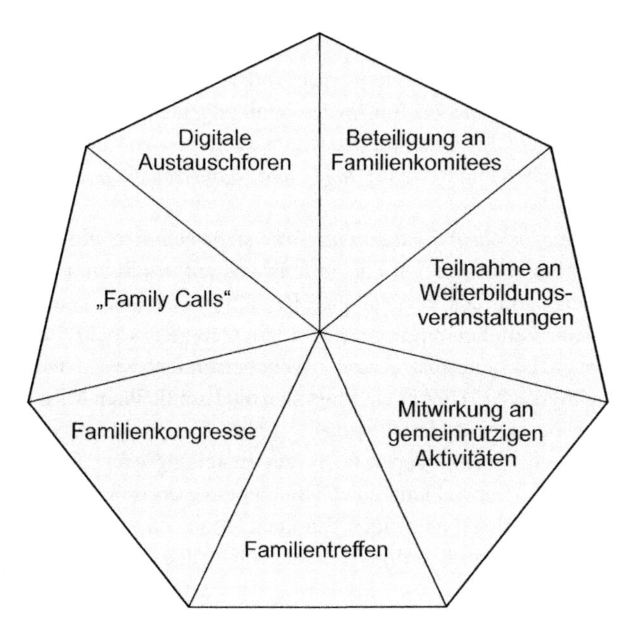

Abb. 4.2 Partizipationsmöglichkeiten der dynastischen Unternehmerfamilie außerhalb der formalen Gremienarbeit

a) Partizipation durch Beteiligung an Familienkomitees

Familienkomitees stellen verschiedene lose, anlassbezogene („auf Zuruf") oder regelmäßige fest strukturierte Treffen von Mitgliedern der dynastischen Unternehmerfamilie dar. Diese können u. a. in allgemeingehaltenen, regelmäßig stattfindenden *„Austauschzirkeln"* oder *„Gesprächskreisen"* bestehen, die den Rahmen für Treffen bilden. Dort werden allgemeine Fragestellungen ausgetauscht, firmenbezogene Neuigkeiten und Entwicklungen thematisiert oder neue Produkte vorgestellt. Im Gegensatz zu den Formaten der *Familientreffen* steht hier die Förderung der Bindung zum Unternehmen im Fokus *(„das Unternehmen soll anfassbar gemacht werden")*.

Weitere Ansätze sind die Organisation von *Kinder-Clubs* oder gemeinsame *Ski-Freizeiten* für die jüngeren Familienmitglieder, in deren Rahmen diese sich auf spielerische und freundschaftliche Art und Weise kennen lernen können. Ähnlich der Funktion von Jugendfreizeiten, die der Erweiterung des persönlichen Erfahrungshintergrundes junger Menschen dienen, werden hier entsprechende Erlebnismöglichkeiten familienintern organisiert. Hierdurch soll zusätzlich ein Kennenlernen und eine Gruppenbindung in der Familiengemeinschaft bereits frühzeitig entstehen. Für ältere Familienmitglieder gibt es (meist von einzelnen Personen für die Gemeinschaft organisierte) *Jagd- und Wanderausflüge,* die der gleichen Zielsetzung folgen.

Die *Mitarbeit an einer Familienzeitschrift* stellt ebenfalls ein häufig vorhandenes Angebot zur Partizipation dar. In teilweise aufwendig und mit viel Mühe und Kleinarbeit durch eine unabhängige Redaktion erstellten Zeitschriften werden u. a. einzelne Familienmitglieder porträtiert, Geburten, Hochzeiten, Todesfälle bekannt gegeben, Lieblingsplätze auf der Welt, persönliche Reise- und Erfahrungsberichte beschrieben etc. Hierdurch bringt sich die Familie ihren Mitgliedern näher und berichtet über aktuelle familieninterne Entwicklungen. Darüber hinaus werden anlassbezogen Arbeitsgruppen (z. B. zur Erstellung oder Überarbeitung der Familiencharta, der Entwicklung eines Familienintranets, zur Vorbereitung einer Jubiläumsfeier, der Erstellung einer Familienchronik etc.) eingerichtet und die Familiengemeinschaft zur Beteiligung hieran eingeladen.

b) Partizipation durch Teilnahme an Weiterbildungsveranstaltungen der Unternehmerfamilie

Im Rahmen von eigens organisierten Weiterbildungsveranstaltungen (s. a. Kap. 6) für die Mitglieder der dynastischen Unternehmerfamilie[5] werden systematisch

---

[5] Hierzu ausführlich Kap. 6. Die familieninternen Aus- und Weiterbildungsprogramme der Familie Merck sind detailliert in Rüsen & Stangenberg-Haverkamp (2020), die der Familie Freudenberg in Simons (2020) beschrieben.

neben der reinen Wissensvermittlung oftmals auch gezielt Möglichkeiten geschaffen, sich mit Gremienmitgliedern bzw. dem Familienoberhaupt zu treffen, um Anliegen und Fragen im Rahmen eines informellen Austausches zu klären oder Ideen, Erkenntnisse und Rückmeldungen zu besprechen.

c) Mitwirkung an gemeinnützigen Aktivitäten der Unternehmerfamilie

Die Übernahme von Aufgaben oder Positionen im Rahmen der gemeinnützigen Aktivitäten der Familiengemeinschaft stellt eine von allen Projektbeteiligten genannte Form der Partizipationsmöglichkeit für einzelne Familienmitglieder dar. So verfügen nahezu alle teilnehmenden Unternehmerfamilien entweder über eigene gemeinnützige Stiftungen oder kultur-, wissenschafts- oder gemeinwohlfördernde Programme. In einigen Fällen werden auch durch die Familie soziale Aktivitäten an den Firmenstandorten durchgeführt. Mit diesen Aktivitäten zeigen die Unternehmerfamilien einerseits ihre Dankbarkeit für ihren privilegierten Status und die Bereitschaft, der Gesellschaft etwas zurückzugeben. Andererseits wird die gemeinnützige Aktivität als eine Art „Familienpflicht" angesehen, der man als Mitglied der Familiengemeinschaft nachkommt.

In diesem Kontext bietet sich die Chance, weitere Familienmitglieder jenseits der Gremien in die übergreifenden Aktivitäten der Gemeinschaft einzubeziehen. Die sich hier bietenden Möglichkeiten treffen wohl auch auf ein Bedürfnis der jüngeren Gesellschaftergenerationen in Unternehmerfamilien. Diese sind oft verstärkt auf der Suche nach Sinnstiftung („Purpose-Orientierung") und zeigen sich umwelt- und gemeinwohlfördernden Aktivitäten gegenüber aufgeschlossen. Ein Engagement bei diesen Themen fördert unmittelbar die Erfahrung von Partizipation.

d) Partizipation durch Teilnahme an Treffen der Unternehmerfamilie

Die Zusammenkünfte der Unternehmerfamilie als Gesamtgruppe oder in Teilmengen mit dem Ziel, Familiarität zu pflegen, stellen eine zentrale Form von Partizipation bereit. Oft trifft sich hier die gesamte Eigentümergemeinschaft mit Ehe- oder Lebenspartnern und Nachwuchs: *„Die Familie mietet alle zwei bis drei Jahre eine ganze Hotelanlage für ein verlängertes Wochenende, nichts Wildes, maximal 3 Sterne"*, wie ein Projektteilnehmer sagte. Aber auch für Teilgruppen gibt es Veranstaltungen, es werden etwa Länder- oder Regionaltreffen organisiert: *„Wir treffen unsere Familienmitglieder an der West- und Ostküste einmal pro Jahr"*. Andere Familien richten lokale Stammtische ein: *„Wir haben Familienstammtische in Berlin, München, Zürich"*. Auch regionale *Haustreffen* bei Gremienmitgliedern werden abgehalten. Um innerhalb der eigenen Altersgruppen für eine „Verknüpfung" zu sorgen, gibt es schließlich Treffen für unterschiedliche Altersgruppen (z. B. U21-, U30-, Ü40-Treffen o. ä.).

Diese Aktivitäten, sowie regelmäßig durchgeführte Familienreisen zu Firmenstandorten, dienen dem Zweck, den Gemeinschaftssinn der Familie zu fördern. Zudem sollen in der Gemeinschaft vorhandene ungeklärte Fragestellungen oder gar problembehaftete Themen als solche erkannt werden. Entsprechende Punkte können dann entweder im Rahmen der Familientreffen mit den Teilnehmern direkt geklärt oder als Themenstellung für die Gremienarbeit aufgegriffen werden. Eine dementsprechend niedrigschwellige Form des „Familien-Soundings" ermöglicht es, in ungezwungener Atmosphäre mit den einzelnen Familienmitgliedern ins Gespräch zu kommen und zu erfahren, wo diese emotional in Bezug auf das Unternehmen und die Familiengemeinschaft stehen.

Die Sichtbarmachung der familiären Herkunft und des verwandtschaftlichen Verbindungsgeflechtes scheint in diesem Zusammenhang eine zentrale Bedeutung einzunehmen. Hierbei soll jedes einzelne Mitglied nachvollziehen können, in welcher Weise es mit den Gründern des Familienunternehmens verwandtschaftlich und damit auch eigentumsrechtlich über die Erbschaftsfolge verbunden ist. Die Kenntnis dieser Historie sowie des Verbindungsgrades zu den anderen Mitgliedern der Eigentums- und Familiengemeinschaft stärkt nicht nur die Identität der Familie und die Identifizierung mit dem Unternehmen, sondern vermittelt zugleich Gefühle der Zugehörigkeit, Verpflichtung und Loyalität den Vorgenerationen gegenüber. Die Projektteilnehmenden haben die Bedeutung dieser Strategie bereits erkannt und erarbeiten nicht nur Stammbäume und Chroniken ihrer Familiengeschichte, sondern eröffnen auch Museen zur Familien- und Firmengeschichte oder restaurieren alte Stammhäuser und machen sie zu zentralen Treffpunkten.

Um die geschichtliche Verbindung an die Herkunft, das Unternehmen und die Verwandtschaft „lebendig" zu erhalten, findet zudem in unterschiedlichen Formaten eine Stammbaumarbeit mit Kindern und Jugendlichen statt. In diesem Rahmen werden jährlich am Rande der Gesellschafterversammlung oder im Rahmen des Familientreffens eigene Aktivitäten für die Kinder und Jugendlichen veranstaltet. Dabei kommt es zu Aktionen und Spielen, die dazu beitragen, dass bereits die zukünftigen familiären Gesellschafterinnen und Gesellschafter erleben und lernen können, was es heißt, in einer Unternehmerfamilie aufzuwachsen, die sich auf die Gründungsmitglieder des Unternehmens positiv und dankbar bezieht. So werden die Stammbäume bzw. Genogramme betrachtet und besprochen. Dazu gibt es dann Quizspiele (z. B. ein „Familienmemory"), so dass jede/r erfahren kann, in welcher Weise sie bzw. er mit den Gründern und den aktuellen Mitgliedern, etwa den anderen Kindern und Jugendlichen, verwandt ist. Das schafft familienbezogene Reziprozität, das Gefühl der Verbundenheit und Loyalität zur Gründerfamilie und damit auch zu den Verwandten der eigenen Generation.

e) Partizipation durch Teilnahme an „Familienkongressen“

Verschiedentlich werden für die große Familiengemeinschaft regelrechte „Kongresse“ durchgeführt. Hier finden Podiumsdiskussionen, Interaktionsformate für Großgruppen oder parallele Kleingruppen-Workshops mit Vertretern aus den Gremien und/oder externen Themenexperten statt. In diesem Rahmen wird über die laufenden Arbeitsinhalte berichtet oder es werden thematisch vorbereitete „Rede und Antwort“-Gespräche durchgeführt. In diesem Rahmen gibt es auch die Gelegenheit für „Meet the Chief“-Treffen, Einzel- oder Kleingruppengespräche, in denen Familienmitglieder einmal ungestört über persönliche Fragen oder allgemeine Angelegenheiten mit dem oder den Gremienvorsitzenden reden können.

f) Partizipation durch Teilnahme an „Family Calls“

Da die Organisation persönlicher Treffen mit einem hohen Koordinations- und Reiseaufwand verbunden ist, werden bei einigen Projektteilnehmenden regelmäßige Telefon- oder Videokonferenzen veranstaltet. Inhalte dieser Austauschformate sind die Information über aktuelle Geschehnisse im Unternehmen und der Bericht über die letzte Gremiensitzung, die Durchsprache und Erläuterung von Quartals- oder Halbjahresberichten oder wesentlicher Inhalte vorheriger Aufsicht- und Beiratssitzungen. Vereinzelt finden in diesem Rahmen neben der reinen Informationsvermittlung auch Frage- und Antwortformate über die vorgestellten Inhalte statt. Während der Corona-Pandemie kamen diese Formate verstärkt zur Aufrechterhaltung der allgemeinen Kommunikation innerhalb der Unternehmerfamiliengemeinschaft zum Einsatz.[6]

g) Digitale Austauschforen innerhalb des Familien-Intranets

Nahezu alle projekteilnehmenden dynastischen Unternehmerfamilien verfügen über ein eigenes Familien-Intranet. Dieses sorgt für einen geschützten Datenaustausch und die Möglichkeit, sich ortsungebunden über die Familien- und Firmenentwicklung zu informieren. Einige der hier etablierten Systeme verfügen dabei über themenbezogene Austauschforen und Chat-Funktionen, mittels derer die sich die Familiengemeinschaft auch direkt untereinander austauschen kann. So können hier beispielsweise Fragen an die Gremienvertreter in offener, aber auch anonymer Form gestellt werden. Insbesondere für die jüngeren Mitglieder der Unternehmerfamilie 3.0, die in ihrer Lebenswirklichkeit sehr intensiv über entsprechende Formate mit

[6] Zu den Ansätzen, Möglichkeiten und Herausforderungen eines digitalen Managements der Unternehmerfamilie ausführlich Rüsen (2021).

Gleichaltrigen kommunizieren, besteht über diese Partizipationsform eine niedrigschwellige Möglichkeit, in die Kommunikation und den Austausch über Firmen- und Familienbelange in geschützter Atmosphäre einzutreten.

4.4 Quo vadis Partizipationsangebot?

Die im Rahmen des Forschungsprojektes analysierten Partizipationsangebote an die Mitglieder dynastischer Unternehmerfamilien sind in einigen Fällen sehr umfangreich. Von den Projektteilnehmenden wurde dargelegt, dass für die gesamten Aktivitäten des Familienmanagements p. a. zwischen € 2000 und € 5000 pro Familienmitglied an „Family-Investor-Relations" aufgewendet werden (s. a. Kap. 9). Diese Kosten stellen demnach zwar immer noch einen Bruchteil der Aufwendungen dar, die bei Börsennotierung für Investor-Relations ausgegeben werden. Dennoch wird kritisch hinterfragt, ob die Vielzahl der mittlerweile offerierten Angebote perspektivisch nicht zu einem Überangebot an Informations-, Kommunikations- und Partizipationsmöglichkeiten führen könnte. In diesem Zusammenhang wird überlegt, ob ein weiterer Ausbau der Angebote auch paradoxe Effekte mit sich bringen könnte, wenn es nämlich zu einem Rückgang der bisher als relativ hoch eingeschätzten Akzeptanz führen würde.

Zudem zeigte sich im Projekt eine weitere Problemstellung: Die genauere Analyse der regelmäßigen Inanspruchnahme der entsprechenden Angebote verdeutlichte, dass diese vor allem von Mitgliedern aus dem näheren Verwandtenkreis der Gremienmitglieder genutzt wurden. Hier stellt sich für das Familienmanagement die Frage, ob noch gezieltere Ansprachen in die Familienteile erfolgen sollten, die sich in den letzten Jahren tendenziell „zurückgezogen" haben (s. a. Kap. 5).

Bei der Diskussion von Zukunftsszenarien bezüglich der Entwicklung dynastischer Unternehmerfamilien bestand Einigkeit darüber, dass die Governance-Strukturen in ihrer aktuellen Form wohl auch für weitaus größere Gesellschafterkreise angemessen sein dürften. Zwei besondere Herausforderungen wurden benannt, die bei einem deutlichen Wachstum des Gesellschafterkreises eine Herausforderung für das Familienmanagement darstellen könnten, wenn es um Sicherstellung von Partizipation geht:

1. Bei der Extrapolation der Wachstumsdynamik in den letzten Generationen stellte sich die Frage, in welcher Form die bestehenden Kommunikations-

und Interaktionsformate für Gruppen in der Größe von 500 bis 2000 Personen aufrechterhalten werden können. Die bestehenden Formate erlaubten bisher noch persönliche Gesprächsatmosphäre in Kleingruppenstrukturen von 15 bis 20 Personen. Kann eine ähnliche familiäre Austauschatmosphäre in Großgruppenformaten überhaupt noch sinnvoll durchführbar sein?
2. Die absehbare Vielsprachigkeit der dynastischen Unternehmerfamilie der Zukunft wird vermutlich schon in der nächsten Generation dazu führen, dass man sich nur noch über eine Transfersprache (Englisch) wird unterhalten können (vgl. Kap. 5.5). Dieser Verlust einer einheitlichen Muttersprache der überwiegenden Mehrheit der Familiengemeinschaft, die zum heutigen Zeitpunkt noch weitestgehend deutschsprachig ist, wird als Problemstellung der absehbaren Zukunft wahrgenommen.

4.5 Fazit

Die skizzierten Herausforderungen und Ansätze zur Schaffung eines größtmöglichen Partizipationsgefühls jenseits der etablierten Governance-Strukturen stellen für die Verantwortlichen des Familienmanagements in dynastischen Unternehmerfamilien einen zentralen Bestandteil ihrer Tätigkeit dar. Die etablierten Angebote bieten jedem Familienmitglied die Chance, sich innerhalb der Unternehmerfamiliengemeinschaft zu integrieren und an verschiedenen Stellen mit eigenen Ideen, Anregungen und Rückmeldungen einzubringen. So kann die zentrale „Eigentümerarbeit" mit gutem Gewissen an ein Gesellschaftergremium delegiert werden. Den entstehenden Herausforderungen bei der kontinuierlich wachsenden Eigentümerfamiliengemeinschaft ist mit neuen Methoden, Ansätzen und Formaten zu begegnen. Dies stellt einen notwendigen kontinuierlichen Entwicklungsbedarf für das Familienmanagement dieses Typus' von Unternehmerfamilie dar.

Literatur

Hennerkes, B.-H., & Kirchdörfer, R. (2015). *Die Familie und ihr Unternehmen: Strategie, Liquidität, Kontrolle.* Campus.

Hülsbeck, M. (2020). Corporate Governance in Familienunternehmen. In T. A. Rüsen & A. Heider (Hrsg.), *Aktive Eigentümerschaft im Familienunternehmen – Gesellschafterkompetenz in Unternehmerfamilien entwickeln und anwenden* (S. 93–105). Schmidt.

Kormann, H. (2017). *Governance des Familienunternehmens.* Springer Gabler.

Kormann, H. (2014). *Die Arbeit der Beiräte in Familienunternehmen.* Springer Gabler.

Koeberle-Schmid, A., Fahrion, H.-J., & Witt, P. (2012). Family Business Governance als Erfolgsfaktor von Familienunternehmen. In A. Koeberle-Schmid, H.-J. Fahrion, & P. Witt (Hrsg.), *Family Business Governance – Erfolgreiche Führung von Familienunternehmen* (S. 26–44). Schmidt.

May, P., & Bartels, P. (Hrsg.). (2017). *Governance im Familienunternehmen.* Bundesanzeiger.

Rüsen, T. A. (2021). Management der Unternehmerfamilie 4.0 – Formen eines digitalisierten Familienmanagements und Ansätze den Austausch und Zusammenhalt in einer Lockdown-Situation zu organisieren. *FuS – Familienunternehmen und Strategie, 11*(2), 42–48.

Rüsen, T. A., & Stangenberg-Haverkamp, F. (2020). Familienmanagement im Hause Merck: Ansätze und Maßnahmen zur Entwicklung von Gesellschafterkompetenz. In T. A. Rüsen & A. Heider (Hrsg.), *Aktive Eigentümerschaft im Familienunternehmen – Gesellschafterkompetenz in Unternehmerfamilien entwickeln und anwenden* (S. 393–398). Schmidt.

Simons. F. (2020). Entwicklung von Gesellschafterkompetenz am Fallbeispiel der Unternehmerfamilie Freudenberg. In T. Rüsen & A. Heider (Hrsg.), *Aktive Eigentümerschaft im Familienunternehmen. Gesellschafterkompetenz in Unternehmerfamilien entwickeln und anwenden* (S. 399–404). Schmidt.

Weismeier-Sammer, D., Frank, H., & Schlippe, A. v. (2013). Untangling Familiness: Literature Review and Directions for Future Research. *International Journal for Entrepreneurship and Innovation, 14*(3), 165–177.

Kommunikation innerhalb der dynastischen Unternehmerfamilie

5

Zusammenfassung

Kommunikation ist die Grundlage allen sozialen Lebens. Unterschiedliche Lebensbereiche haben jeweils ihre eigene Kommunikationslogik, in Familien wird anders gesprochen als im Unternehmen oder im öffentlichen Raum. Während die Logik der Familienkommunikation sich in kleineren Familienstrukturen intuitiv und von selbst vollzieht, ist es in den dynastischen Unternehmerfamilien nötig, explizite Gelegenheiten zu schaffen, in denen sich die Großfamilie noch als Familie erleben kann. Die Formate sind hier vielfältig, ihnen ist gemein, dass sie die familiäre Bindungs- und Beziehungslogik wiederaufleben lassen, die ohne das Unternehmen als Klammer in Familien solcher Größenordnungen gar nicht mehr gelebt werden kann. Der Sinn all dieser Maßnahmen liegt darin, die besondere Ressource zu erhalten, die dem Unternehmen als Familienunternehmen einen besonderen Wettbewerbsvorteil bietet: die positive „Familiness“, die Familienhaftigkeit, die die Familie für das Unternehmen bereitstellt. Diese durch die aktive Förderung des Familienzusammenhalts zu gewährleisten, ist eine der wesentlichen Aufgaben von Familienmanagement.

5.1 Ausgangslage

„Successful business families have tremendous respect for the challenge of combining family with business. One of the fundamental conclusions I've come to from my study of those who are successful at multi-generation family business continuity is

T. A. Rüsen et al., *Management der dynastischen Unternehmerfamilie*,
https://doi.org/10.1007/978-3-662-63500-1_5

that they are not 'just lucky'. They pay close attention to making continuity happen and they earn their success".[1]

Kommunikation ist die Essenz des sozialen Lebens. Entsprechend ist auch die Rolle, die Kommunikation in Unternehmerfamilien spielt, schwer zu übersehen.[2] Es wäre natürlich im Kontext dieses Bandes verfehlt, hier nun zu weit auszuholen,[3] doch liegt auf der Hand, dass alle höheren Lebewesen, in dem Moment, wo sie zusammenkommen, kommunizieren. So wie das Pulsieren des Bluts für ein Lebewesen essenziell ist, ist es Kommunikation für soziale Zusammenhänge: ohne sie geht das Sozialwesen zugrunde. Für die komplexen sozialen Gebilde, die zwischen Menschen entstanden sind, trifft all dies in weitaus größerer Differenzierung zu. Ein soziales System kann sich nur auf der Basis von Kommunikation bilden, ja, in der Sicht der Systemtheorie „bestehen" soziale Systeme aus Kommunikationen. Ein soziales System wird damit nicht als simple „Anhäufung von Menschen" verstanden. Es ist vielmehr durch die Art und Weise bestimmt, wie eine Kommunikation an die andere anschließt.[4] Das klingt schwieriger als es ist. Gerade am Beispiel eines kleinen Familienunternehmens lässt sich das leicht verdeutlichen: Eine Gruppe von Menschen – sagen wir vier miteinander verwandte Personen – ist in einem Raum anwesend. Sie sind eine Familie, zugleich sind sie gemeinsam Eigentümer eines kleinen Unternehmens und auch alle dort tätig. Dann lassen sich in dem Raum potenziell drei Sozialsysteme beobachten, denen diese Menschen gleichzeitig angehören. Ein Beobachter könnte anhand der Art, wie und worüber gesprochen wird, durchaus unterscheiden, ob sie gerade als Eigentümer reden, sich über familiäre Dinge austauschen oder dabei sind, auf Unternehmenskommunikation überzuwechseln. Vielfach geschieht dies unstrukturiert und intuitiv, manchmal „verirrt" sich die Kommunikation und es kommt zu merkwürdigen Schleifen, der eine spricht in der Logik der Familie, die andere antwortet in unternehmerischer Logik.[5]

Die Anforderungen, die sich für Unternehmerfamilien daraus ergeben, haben wir versucht, mit dem Begriff der „verdoppelten Familie" zu fassen. Auf der einen Seite sind sie „ganz normale Familien" mit all dem, was das für das Beziehungsleben im Alltag bedeutet, auf der anderen „formal organisierte Familien", die als solche in einer anderen, förmlicheren Logik kommunizieren. Während sich

---

[1] Ward (2004, S. 11).

[2] Zu diesem Thema beispielsweise Combs et al. (2019, S. 11) oder Zehrer & Leiß (2020).

[3] Grundsätzliches zu Kommunikation: Plate (2013), zu Kommunikation in Unternehmerfamilien Kleve (2021).

[4] Das zentrale Werk zur Systemtheorie: Luhmann (1984).

[5] Ein eindrückliches Beispiel findet sich bei v. Schlippe (2018).

in der Familie die Kommunikation um Bindung und Beziehung herum organisiert (auch Entscheidungen werden jeweils so gefällt, dass Bindungsbeziehungen nicht beeinträchtigt werden), muss die Unternehmerfamilie viel stärker die Entscheidungslogik der Unternehmenskommunikation mitbedenken.[6] Kleinere und mittlere Familien geraten im intuitiven Umgang mit dieser Differenz immer wieder in Paradoxien (s. hierzu auch Kap. 8 über Konflikte). Das Familienmanagement in diesen Größenordnungen muss nach Wegen suchen, die möglichen Kränkungen und Verletzungen, die hier entstehen können („Ich hätte nie gedacht, dass du als mein Vater so zu meinen Ungunsten entscheiden würdest, das verzeihe ich dir nie!"), aufzufangen und durch Regelungen zu entschärfen.

Dies gilt besonders für kleinere und mittlere Unternehmerfamilien („1.0" und „2.0" im Sinne unserer in Kap. 2 vorgestellten Struktur). Ab einer bestimmten Größenordnung nimmt die Spannung zwischen den Logiken ab. Insbesondere verliert die Bindungskommunikation ein Stück weit ihre Kraft, daher kommt es in den großen Familien auch seltener zu emotional geladenen Konflikten (mehr dazu in Kap. 8). Die „Bindekraft" der Familienkommunikation wird geringer. Das zentrale Werkzeug „Alltagskommunikation", über das die Familienmitglieder einander ihre Verbundenheit und Zugehörigkeit vermitteln, indem sie sich über Alltäglichkeiten austauschen und einander jeweils am Leben des anderen teilhaben lassen, steht der Großfamilie nicht in gleicher Form zur Verfügung, zumindest verändert es sich. Face-to-face-Austausch ist schon in der Familie 2.0 seltener, man sieht sich eben nicht mehr täglich. Und auch eine Verbindung über Kommunikationsmittel wie Brief, Telefon und digitale Medien kann und will man nur mit einer begrenzten Anzahl von Menschen intensiv aufrechterhalten. Und so müssen die formal organisierte Familie 2.0 und noch mehr die dynastische Unternehmerfamilie 3.0 künstlich dafür sorgen, dass die Familie sich als Familie immer wieder neu erzeugt, indem Gelegenheiten bereitgestellt werden, die Familienkommunikation ermöglichen (wie etwa Familientage mit vergnüglichen Veranstaltungen). Gerade in den dynastischen Unternehmerfamilien ist „Verwandtschaft" oft nur noch eine abstrakte Größe, nur noch das Merkmal, das einen Kreis von Gesellschaftern zusammenhält, die ohne das Unternehmen keine Verbindung mehr miteinander hätten.

Für das Management großer Unternehmerfamilien ergeben sich hieraus zahlreiche spezifische Aufgaben, wie Familienzusammenhalt gewährleistet werden

[6] Ausführlich hierzu v. Schlippe et al. (2017) und v. Schlippe (2020).

kann.[7] In diesem Kapitel soll im Anschluss an das Kap. 4 über die verschiedenen Formen der Partizipation beschrieben werden, auf welche Weise in den Unternehmerfamilien unserer Projektpartner am Familienzusammenhalt über die verschiedenen Austauschformate gearbeitet wird, über welche Aktivitäten die verschiedensten Kommunikationsgelegenheiten angeboten werden und wie mit Fragen wie Mehrsprachigkeit, Kommunikationswegen oder „verlorenen" Familienmitgliedern umgegangen wird. Die jeweilige Form der Veranstaltungen ist i. d. R. in Kap. 4 beschrieben, deshalb wird hier darauf geachtet, inwieweit die Kommunikation in den jeweiligen Formaten Aspekte einbezieht, die über das zu erwartende Maß hinausgehen (daher beginnen die meisten der folgenden Abschnitte auch mit „Mehr als…"). Denn das ist ja das „Ostinato" der Family Governance, das sich durchzieht, die „Grundmelodie": über die sachbezogene Kommunikation hinauszugehen, neben Entscheidungskommunikation immer wieder Angebote auf der Beziehungsebene zu machen, die den Gesellschafterinnen und Gesellschaftern das Gefühl gibt, dazuzugehören, bedeutsam zu sein. Denn nur so wird gewährleistet, dass die „Familiness", die Familienhaftigkeit als positive Einflussquelle gewahrt bleibt. Mit diesem Begriff wird die Ressource bezeichnet, über die die Familie im Vergleich zu öffentlichen Unternehmen einen besonderen Wettbewerbsvorteil bereitstellt (oder, im negativen Fall, eine besondere Belastung).[8] Um diese als positive Kraft für das Unternehmen zu erhalten, ist es essenziell, dass die Familienmitglieder einander kennen und sich möglichst gut verstehen.

Ein Schlusssatz zu diesem einführenden Abschnitt: Natürlich sind die Sicherstellung informeller Kontakte und die strukturierteren Formate dafür nicht Aufgaben, die nur für die dynastischen Unternehmerfamilien spezifisch sind. Zusammenhalt und Wahrung der positiven Familiness sind auch schon in den kleineren, auf jeden Fall in den formal organisierten Unternehmerfamilien („2.0") ein Thema. Doch in den großen Familien ist es ein „Muss", die Selbstverständlichkeit von Familiarität immer wieder bewusst zu re-inszenieren. Denn Familiarität erzeugt sich nur in den Kleinfamilien „wie von selbst".

Dies wird übrigens auch in den Familien selbst gesehen, wie das Ergebnis einer Gesellschafterbefragung in einem Unternehmen deutlich zeigt (s. Abb. 5.1): 99 % der Familienmitglieder beantworteten die Frage danach, für wie wichtig

---

[7] Hierzu ausführlich Ward (2004), Pieper (2007). Auch Kormann (2018) behandelt den Zusammenhalt der Unternehmerfamilie aus verschiedenen Perspektiven, um Kommunikation geht es vor allem in den Kap. 9–11.

[8] Weismeier-Sammer et al. (2013).

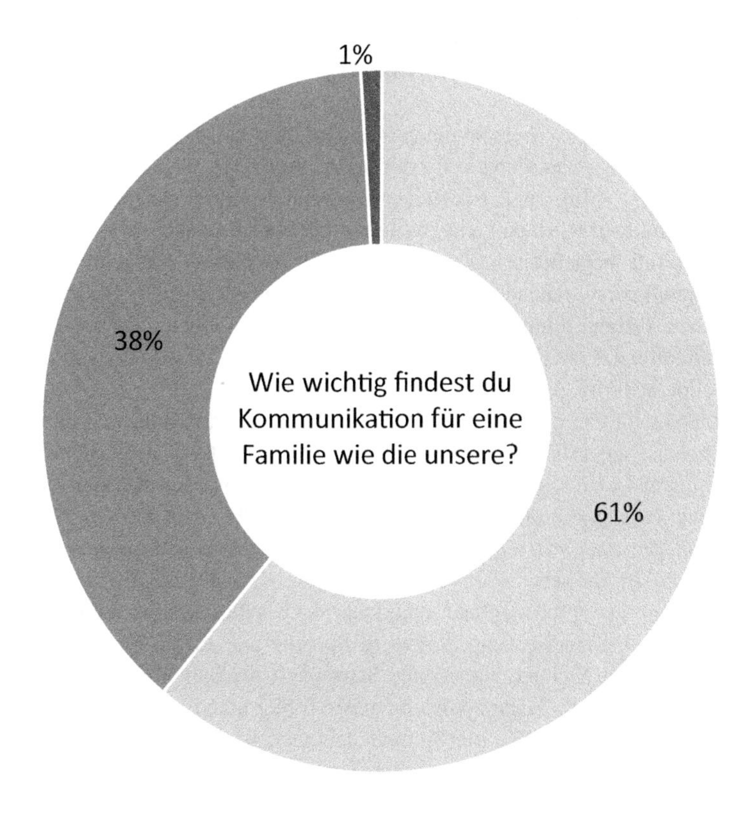

Abb. 5.1 Bedeutung von Kommunikation aus einer Gesellschafterbefragung. (Quelle: anonym)

sie Kommunikation in der Unternehmerfamilie halten, mit „sehr wichtig" bzw. „wichtig":

5.2 Mehr als Informationsvermittlung: die Gesellschafterversammlung

Die jährlichen Aktionärsversammlungen öffentlicher Unternehmen haben generell vor allem die Vermittlung von Information zum Ziel, wobei Gelegenheit zu Rückfragen und Kritik gegeben wird. Auch wenn es dabei manchmal hoch hergeht und emotional wird, und auch wenn solche Versammlungen von Empfängen und Small Talk begleitet sein mögen, wird man hier kaum Anklänge an Familienkommunikation erkennen. Meist ist schon an Äußerlichkeiten gut erkennbar, dass es hier vorrangig um Informationsvermittlung „von oben nach unten" geht: Ein Gremium sitzt oben auf einem Podium, unten im Saal die Teilnehmer. Die Information steht im Zentrum.

Gut, das mag von der Form her in großen Unternehmerfamilien ähnlich sein, schließlich ist das Abhalten der Gesellschafterversammlung auch ein formaler Akt. Manchmal wird fehlende Augenhöhe auch in der Unternehmerfamilie durchaus beklagt, wie eine Projektteilnehmerin berichtet: *„Ihr da oben in den Gremien, was bildet ihr euch eigentlich ein?"* So etwas ist in Gesellschafterversammlungen wohl in ähnlicher Form schon mehr als einmal gesagt worden. Doch trotzdem, zum einen ist man sich emotional doch näher, schon erkennbar etwa am „Du", an einer meist wenig formellen Sprache und an der Bereitschaft, auf die Anfragen von Nichten, Neffen und Schwagern persönlich einzugehen. Zum anderen hat informelle Kommunikation generell hier einen viel höheren Stellenwert. Immer wieder betonen die Projektteilnehmer, wie wichtig es ist, geduldig gerade auf Gesellschafter einzugehen, die „nerven", und mit ihnen in face-to-face-Kommunikation zu treten. Zum anderen wird das „Drumherum" völlig anders gestaltet. Es gibt in der Regel ein großes Rahmenprogramm neben der offiziellen Veranstaltung, oft über zwei oder gar drei Tage hinweg mit mehreren gemeinsamen Essen. Nach der Faustregel „1/3 Arbeit, 1/3 Kultur, 1/3 Spaß" wird oft ein ausgewogener Mix an offiziellem Programm, Kulturveranstaltungen und zwanglosen Aktivitäten angeboten, an denen meist auch die Familien der Gesellschafter teilnehmen.

5.3 Mehr als nur einmal im Jahr: Zusammenhalt fördern über eine große Bandbreite an Aktivitäten

Die Informalität, die vor allem der Beziehungspflege dient, zieht sich durch die Tätigkeit der Gremienmitglieder durch. Regelmäßig werden individuelle Kontakte gepflegt. Gespräche, Telefonate und E-Mail-Austausch sind Bestandteil der

Familienarbeit. Darüber hinaus dient ein großer Teil der in Kap. 4 ausführlich beschriebenen Strukturen dazu, Gelegenheiten zu schaffen, dass man sich nicht nur als Gesellschafter, sondern auch als Familie trifft. Es ist ein altes Gesetz aus der Sozialpsychologie: „Kontakt fördert Sympathie".[9] In der Umkehrung bedeutet es, dass fehlender Kontakt in der Regel nichts fördert – außer dass, gerade bei weit verstreuten Gesellschaftern, Entfremdung und Misstrauen zunehmen. Familientreffen sollten daher nicht unterschätzt oder gar geringgeachtet werden. Denn aus solchen „weichen" Maßnahmen können durchaus „harte Fakten" erwachsen. Sie geben auch die Möglichkeit, für einen breiteren Zusammenhalt der über die Gesellschafterfamilie hinausgehenden Großfamilie zu sorgen, wenn auch die Mitglieder eingeladen werden, die nicht am Unternehmen beteiligt sind.[10] Bei einer Reihe der Familien unserer Projektpartner wird dies so gehandhabt.

Doch auch strukturiertere Zusammenkünfte fördern den Zusammenhalt und dienen der Stärkung der Identifikation mit dem Unternehmen. Hier gibt es eine große Bandbreite von Maßnahmen. Diese sind ausführlich in Kap. 4 vorgestellt, daher werden hier nur einige hervorgehoben, die verdeutlichen, wie mit Formaten gearbeitet wird, die in öffentlichen Unternehmen undenkbar wären. Die Beispiele (nicht immer von allen Unternehmen in gleicher Weise veranstaltet) zeigen, es geht um die Erzeugung von Bindung und Förderung von Zusammenhalt.

- In Regionaltreffen treffen sich Familienmitglieder, die in räumlicher Nähe zueinander leben. Dies geschieht entweder über strukturierte Treffen mit Einladung und Tagesordnung oder aber auch informell über lokale Stammtische, lokale Wanderungen mit „Lagerfeuergesprächen" oder über Kaminabende, zu denen führende Familienvertreter eingeladen werden, um Berührungsängste abzubauen o. ä.
- Größere Familienklausurtagungen werden veranstaltet (z. B. „Familie vor Ort"), in denen alle Familienmitglieder die Möglichkeit haben, sich über spezifische Fragen des Unternehmens zu informieren.
- Eine jährliche internationale Familieninformationsreise führt die teilnehmenden Mitglieder jeweils an einen besonderen Standort des Unternehmens.
- In einer der am Projekt beteiligten Familien bestehen Gesellschafterinformationskreise, die jeweils als fester Arbeitskreis gebildet werden. Sechzehn Teilnehmer treffen sich regelmäßig für zwei Jahre und lernen das Unternehmen gründlich kennen. Eine Reihe von freien Plätzen ist für Gäste (ebenfalls

[9] v. Schlippe et al. (2011, S. 540).

[10] Hierzu ebenfalls Kormann (2018).

aus der Familie) vorbehalten, die zu einzelnen Treffen dazustoßen können. Das Konzept erfreut sich reger Nachfrage, es gibt Wartelisten.

5.4 Mehr als nur die derzeit aktive Generation: die Jugend erreichen

Sehr durchgängig und ausgesprochen weitgefächert sind bei allen Projektpartnern Angebote für die kommende Generation gestaltet. Bei den verschiedenen Unternehmen finden sich ganz unterschiedliche Formate, von einem Juniorenclub mit einem eigenen Namen und einem sehr gut ausgearbeiteten Programm bis hin zu großen Jugendtreffen mit etwa 100 Teilnehmern bei „Party und Plenum", Family Education Days, „Youngster-Treffen" u. v. a. m. Die Angebote werden vielfach nach Alter gestaffelt angeboten, die Grenzen sind hier sehr unterschiedlich. Meist beginnen sie beim Alter von 15/16 Jahren und enden zwischen 29 und 40 Jahren. In einem Unternehmen werden beispielsweise differenzierte Next-Gen-Angebote „für die 15 – 23- und die 24 – 35-Jährigen" gemacht. Den Interessen der Jugendlichen entsprechend werden manchmal auch offene Freizeitmöglichkeiten angeboten, etwa eine jährliche gemeinsame Skireise, an denen natürlich junge Mitglieder aus allen Teilen der Großfamilie teilnehmen – und wo könnten Freundschaften besser entstehen als dort?

Ebenfalls zu diesem Themenkreis gehört die Frage, wie nah die Vertreter der kommenden Generationen individuell an das Unternehmen herangeholt werden können. Einige Unternehmen fördern (zum Teil aktiv und auch finanziell) gezielte Praktika in in- und ausländischen Niederlassungen, um das Interesse und die Identifikation der jungen Menschen mit dem Unternehmen zu fördern, andere lehnen dies ab.

5.5 Mehr als nur Post: alle auf dem Laufenden halten

Je größer der Gesellschafterkreis ist, desto wichtiger ist es, dass alle Gesellschafter gleichermaßen mit den zentralen Informationen versorgt werden. Dies wird in den großen Familien durchgehend in standardisierten Prozessen abgearbeitet. Klagen, die man in kleineren Familien hört, dass wichtige Informationen an einzelnen Personen vorbeigelaufen sind („Hat mir keiner gesagt!"), gibt es praktisch nicht. Auch hier nennen wir exemplarisch einige Beispiele, nicht immer sind die Formate bei allen Projektunternehmen identisch.

Geschäftsberichte, Quartalsberichte, z. T. auch Pressemitteilungen gehen i. d. R. an alle Gesellschafter. Hier war früher sehr viel Papier unterwegs, mittlerweile weniger, auch wenn auf Wunsch nach wie vor alle auch mit Hard-Copies versorgt werden. Die junge Generation zieht elektronische Kommunikation vor, die Älteren erwarten eher die Papierform. Hinzu kommen zusätzliche Informationsangebote, die in den einzelnen Unternehmen unterschiedlich ausgestaltet werden. So werden etwa jährliche oder halbjährliche Gesellschafterbriefe zu besonderen Themen (z. B. Erbschaftssteuer) versandt oder es gibt einen jährlichen Rundbrief des Familienratsvorsitzenden u. v. a. m.

Aber es geht, wie schon gesagt, nicht nur um Information, sondern auch um das, was die Großfamilie als Familie ausmacht:

- Es gibt regelmäßige Newsletter, gelegentlich auch Pushmails, die auf Aktuelles hinweisen, unabhängige Redaktionsgremien erstellen „Familienzeitungen“, die anders als die Unternehmenszeitung mit Familiennachrichten aufwarten u. ä.
- E-Learning-Tools wurden entwickelt, in denen erklärt wird, was Gesellschafter für ihre Rolle wissen müssen (ein digitaler Wegweiser vor allem für Einsteiger). In einer Familie werden hier am Ende Checkfragen wie bei einer Fahrschulprüfung gestellt, sozusagen ein „Mini-Führerschein“ für Gesellschafter.
- Vielfach liegt ein Intranet vor, in dem die Familienmitglieder aktuelle Informationen abfragen (etwa täglicher Pressespiegel) und auch untereinander kommunizieren können.
- Im Netz sind dann oft auch Abstammungstafeln und historische Dokumente hinterlegt, die es der Familie ermöglichen, Verwandtschaftsverhältnisse zu klären und sich über die Familiengeschichte zu informieren.

Das große Problem, das die für all diese Dinge Verantwortlichen immer wieder beklagen, ist die Rezeption der Möglichkeiten. Offenbar ist die Beziehung zwischen dem Familienmanagement und der Großfamilie nicht immer einfach, wenn es darum geht, Angebot und Nachfrage auszubalancieren. Zum einen wird auch in den großen Familien von den Gesellschaftern geklagt, dass es zu wenig Information gebe, zu wenig punktgenau, nicht rechtzeitig genug usw. Zugleich wird jedoch vielfach die Erfahrung gemacht, dass das Material nicht oder nur sehr flüchtig gelesen wird: *„Briefe und versendete Familien-Informationen werden überwiegend gelesen, Geschäftsberichte und allgemeine Informationen aus der Firma weniger.“*

So sind die Perspektiven doch sehr verschieden, je nachdem, ob man aus der Sicht eines Gesellschafters oder einer Funktionsträgerin schaut, auch wenn die

Kontroversen hier nicht als sehr scharf oder stark negativ beschrieben werden. Als Beispiel für die Aussagen der Familienmitglieder, dass die Kommunikation nicht wirklich optimal verlaufe, hier die Ergebnisse einer Befragung in einem Unternehmen (s. Abb. 5.2): „sehr zufrieden" waren nur wenige, der größere Teil äußert sich zufrieden, doch etwa ein Drittel der Gesellschafter zeigte sich auch nicht oder gar nicht zufrieden. Sie antworteten auf die entsprechende Frage wie folgt:

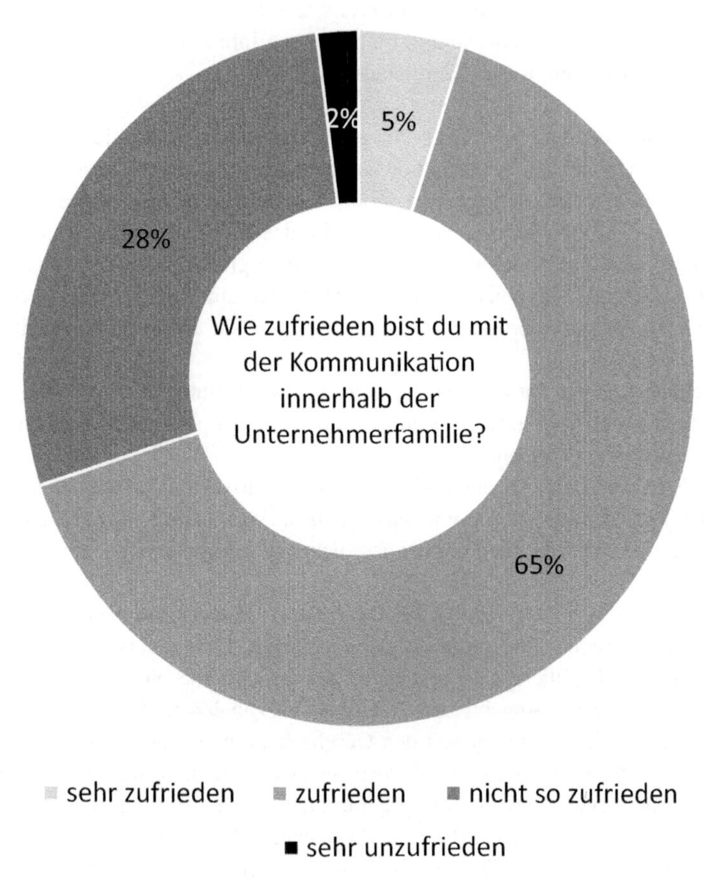

Abb. 5.2 Zufriedenheit mit der Kommunikation. (Quelle: anonym)

Dem steht von Seiten des Familienmanagements das Gefühl gegenüber, dass, was immer man auch anbiete, geklagt werde. Das Dilemma sei: Wenn man dann auf Klagen reagiere und etwas anbiete, werde es nicht genutzt (*„Wir stellen fest, dass bei vielen Familienmitgliedern Infos, die versendet werden, egal ob auf Papier oder per Mail, nicht wirklich aufgenommen werden!“).*

5.6 Mehr als nur auf Deutsch: Umgang mit einer global verteilten, mehrsprachigen Familie

Die Familien unserer Projektteilnehmer unterschieden sich deutlich, was den Internationalisierungsgrad der Familie anbetrifft. Entsprechend unterschiedlich ist der Umgang mit Mehrsprachigkeit und Zeitzonendifferenzen bei elektronischen Meetings, Themen, deren Bedeutung vermutlich in der nächsten Zeit noch zunehmen wird. Hier sind die Spannungsfelder weit: Sie bewegen sich zwischen dem Pol, dass regelmäßig alle wesentlichen Informationen in drei Sprachen veröffentlicht werden und dem anderen Pol, wonach auf anderssprachige Gesellschafterinnen keine Rücksicht genommen wird.

In diesem Zusammenhang kamen Fragen danach auf (s. a. Kap. 4), wie in Zukunft die „Muttersprache“ der dynastischen Unternehmerfamilie gehandhabt werden soll. Kann die bisherige Sprache Deutsch auch zukünftig in dieser Form Gültigkeit behalten, wenn mehr als ein Drittel der Familienmitglieder in anderen Sprachregionen der Welt aufwächst und die ursprüngliche Sprache zum Teil gar nicht mehr beherrscht? Was kann dann als verbindende gemeinsame Sprachbasis gelten? Sollte Englisch als generelle Transfersprache genutzt werden? Doch geht damit nicht auch ein wesentliches kulturelles Merkmal bei den Begegnungen verloren? Diese Fragen bleiben offen.

5.7 Weniger Kommunikation: Kommunikationswege und -barrieren

Manchmal erfordert Family Governance auch, dass Kommunikationswege blockiert werden. Nicht jeder soll jederzeit mit jedem sprechen können. Die erwähnte Ressource Familiness hat auch Schattenseiten, wenn etwa das Engagement so weit geht, dass Gesellschafter meinen, sich direkt an die Geschäftsführung wenden zu können. Hier stehen Kommunikations- und Partizipationsbedürfnisse gegen das

Interesse ungestörter Abläufe im Unternehmen. Die Begrenzung der Kommunikation zwischen Familienmitgliedern und dem Unternehmen, wonach Direktansprache nicht möglich ist, sondern nur über die Gremien geht, ist ein essenzieller Bestandteil der Regelwerke, die das Verhalten der Familiengesellschafter diesbezüglich klären. Sie sind meist streng, ein Beispiel: *„Direktansprache der Geschäftsleitung oder leitender Mitarbeiter nur nach Genehmigung durch die Vorsitzenden von Familienrat oder Gesellschafterrat – gilt auch für alle Gremienmitglieder!“* Die Regelwerke sind in Kap. 4 ausführlich besprochen. Sie sind offenbar bei den großen Familien mittlerweile soweit verinnerlicht, dass die Aussage einer Projektteilnehmerin, dass die Kommunikationswege *„zu 95 %“* eingehalten werden, wohl in etwa generalisierbar ist.

Ähnliches gilt für die Kommunikation aus dem Familienkreis in die Außenwelt. Es muss klar sein, dass ein Familienmitglied, insbesondere Namensträger, etwa bei Interviews nicht unabgesprochen für und über das Unternehmen oder die Unternehmerfamilie sprechen darf, und dass die Selbstdarstellung in sozialen Medien (etwa Facebook) für die Gesellschafter nicht in dem Maß „Privatsache“ ist wie in anderen Familien.

Ein weiterer heikler Punkt, bei dem sich ein „mehr“ an Kommunikation verbietet, ergibt sich bei großen Familienunternehmen, die börsennotiert sind. Hier stehen die Erwartungen der Familiengesellschafter, frühzeitig über größere unternehmerische Aktivitäten und Planungen informiert zu werden, im Gegensatz zu gesetzlichen Insiderrichtlinien (siehe Kap. 3). Familie darf nur die gleiche Information bekommen wie die anderen Aktionäre auch. Die Aufgabe besteht hier immer wieder darin, zu erklären, warum entsprechende Informationen nicht vorab gegeben werden können. In einem Unternehmen wird das Dilemma so gelöst, dass die Familie zeitgleich mit der Herausgabe der Presseerklärung über entsprechende Schritte unterrichtet wird.

5.8 Und trotzdem: Man erreicht nicht alle

Neben dem oben angesprochenen Problem der nicht immer gelingenden Balance zwischen dem Angebot an Informationen und deren Rezeption im Gesellschafterkreis gibt es noch ein weiteres Problem, das für die dynastischen Unternehmerfamilien typisch ist: Man erreicht nicht mehr alle. In einem Unternehmen nahmen über einen längeren Zeitraum hinweg 23 % der Gesellschafter an keiner der verschiedenen angebotenen Veranstaltungen teil (immerhin 12 % des Kapitals). Umfragen werden nur von etwa einem Drittel der Mitglieder beantwortet (aus einem anderen Unternehmen hierzu: *„Der Rücklauf ist dürftig!“*).

Und schließlich gibt es einige wenige Gesellschafter, die überhaupt nicht erreichbar sind, zu keiner Veranstaltung kommen, auf nichts reagieren und so auch nicht für persönliche Kommunikationsangebote zur Verfügung stehen. Die Paradoxie der Family Governance, wenn man mit Personen zu tun hat, die sich in einer Komfortzone bewegen: Je mehr man sich bemüht, jemanden aus der Passivität herauszuholen, desto mehr ist man in der Gefahr, genau diese Passivität zu unterstützen.

Vor diesem Hintergrund wird in der gezielten Schaffung von strukturellen Möglichkeiten zur Partizipation eine zentrale Aufgabe und Herausforderung für das Familienmanagement gesehen. Auf die Frage, wie man „verlorene Familienteile" wieder zurückgewinnen könne, waren sich alle einig: Das geht nur über persönlichen Kontakt und direkte Ansprache. U. a. wurden von den Projektteilnehmenden folgende Ideen generiert:

- *„Es könnte helfen, diese gezielt zu großen Family Events einzuladen, wie Weihnachten oder ein Sommerfest."*
- *„Es gibt finanzielle/generationsübergreifende Incentives wie z. B. den Wiederbeitritt in einen Aktienpool, der erbschaftssteuerliche Vorteile mit sich führt."*
- *„Bei passiven Mitgliedern könnte man die jüngere Generation ermutigen, an NextGen-Treffen und Ausbildungsprogrammen teilzunehmen."*
- *„Sollte man das eher mit Familientreffen versuchen, die nichts mit dem Unternehmen zu tun haben? Kann man junge Familienmitglieder mit interessanten Angeboten locken und sie so unabhängig von ihren Eltern gewinnen? Darf man sie überhaupt direkt anschreiben, da sie keine Kinder mehr sind, aber auch (noch) keine Gesellschafter? Könnte man sich vorstellen, Berufspaten im Familienkreis anzubieten? Also sozusagen eine Vorstellrunde von 10 Berufstätigen, die sich vorstellen. Im Vorfeld können Berufsbilder gewünscht werden und man schaut, ob man sie in der Familie oder über die Familie findet? Wie kann man die Netzwerke der Familienmitglieder besser nutzen?"*
- *„Kontaktaufnahme durch den Familienchef oder nähere Verwandte der betroffenen Personen."*
- *„Heranwachsen der nächsten Generation (Teilnahme von Kindern der betroffenen Personen) hilft manchmal zum Wiedereinstieg."*

5.9 Fazit

Kommunikation wurde eingangs mit dem Blutkreislauf verglichen. Um die zentrale Ressource Familiness für das Familienunternehmen zu erhalten und nutzbar zu machen, muss der Kommunikationskreislauf in Gang gehalten werden. Die Aufgaben und Herausforderungen für die Family Governance sind hier durchaus komplex, offenbar ist es nicht leicht, die Kommunikation zwischen Familienmanagement und Familie in eine für beide Seiten befriedigende Balance zu bringen. Es geht um weitaus mehr, als die angemessenen Informationen in passender Form an den Mann/die Frau zu bringen. Eine wesentliche Aufgabe besteht darin, Gelegenheiten zu schaffen, bei denen sich die Familiarität der Familie immer wieder neu erzeugt, dazu braucht es von den Gremienmitgliedern einen hohen persönlichen Einsatz, Einfühlungsvermögen und soziale Kompetenzen. Dies scheint bei allen befragten Unternehmen in weiten Teilen ganz gut zu gelingen, auch wenn es bei ungefähr einem Drittel der Gesellschafter Wünsche nach Verbesserungen gibt (explizit haben wir dies von einigen Unternehmen unseres Projekts gehört). Allerdings wurden in den letzten Jahren durchgängig zahlreiche neue Formate geschaffen, um die Kommunikation zu verbessern. Eine besondere Schwierigkeit liegt darin, wie man periphere Mitglieder wieder einbindet und ggf. wieder für Interesse am Unternehmen gewinnt. Und schließlich geht es manchmal auch darum, Kommunikationswege zu blockieren, denn nicht immer ist es angemessen, dass jeder mit jedem zu jedem Thema und zu jeder Zeit spricht.

Literatur

Combs, J. G., Shanine, K. K., Burrows, S., Allen, J. S., & Pounds, T. W. (2019). What do we know about business families? Setting the stage for leveraging family science theories. *Family Business Review, 33*(1), 38–63.

Kormann, H. (2018). *Zusammenhalt der Unternehmerfamilie. Verträge, Vermögensmanagement, Kommunikation* (2. Aufl.). Springer/Gabler.

Pieper, T. (2007). *Zusammenhalt in Unternehmerfamilien. Eine Voraussetzung zur Sicherung des Überlebens von Familienunternehmen*. Schriftenreihe der EQUA-Stiftung Heft 4. EQUA.

Plate, M. (2013). *Grundlagen der Kommunikation*. Vandenhoeck & Ruprecht.

Kleve, H. (2021). *Kommunikation in der Unternehmerfamilie. Methoden professioneller Gesprächsführung: für gelingendes Verstehen*. Praxisleitfaden des Wittener Instituts für Familienunternehmen (WIFU). WIFU.

Luhmann, N. (1984). *Soziale Systeme. Grundriss einer allgemeinen Theorie*. Suhrkamp.

Schlippe, A. v. (2018). Ein Businessplan für das Juwel: „Schräge kommunikative Anschlüsse“. *Familiendynamik, 43*(3), 248–251.

Schlippe, A. v. (2020). Die Unternehmerfamilie – Eine Spezies für sich. In T. A. Rüsen & A. Heider (Hrsg.), *Aktive Eigentümerschaft in Familienunternehmen – Gesellschafterkompetenz in Unternehmerfamilien entwickeln und anwenden* (S. 159–173). Schmidt.

Schlippe, A. v., Groth, T., & Plate, M. (2011). Entscheidungsfähigkeit sicherstellen: Familienstrategie in Familienunternehmen. In M. Plate, T. Groth, V. Ackermann, & A. v. Schlippe (Hrsg.), *Große Deutsche Familienunternehmen* (S. 522–560). Vandenhoeck & Ruprecht.

Schlippe, A. v., Groth, T., & Rüsen, T. (2017). *Die beiden Seiten der Unternehmerfamilie. Familienstrategie über Generationen. Auf dem Weg zu einer Theorie der Unternehmerfamilie.* Vandenhoeck & Ruprecht.

Ward, J. (2004). *Perpetuating the family business. 50 lessons learned from long-lasting successful families in business.* Palgrave.

Weismeier-Sammer, D., Frank, H., & Schlippe, A. v. (2013). Untangling familiness: Literature review and directions for future research. *International Journal for Entrepreneurship and Innovation, 14*(3), 165–177.

Zehrer, A., & Leiß, G. (2020). Intergenerational communication barriers and pitfalls of business families in transition—a qualitative action research approach. *Corporate Communications, 25*(3), 515–532.

Kompetenzentwicklung und Personalauswahl in dynastischen Unternehmerfamilien

6

Zusammenfassung

Für die Besetzung der Gremien ist eine passende Personalauswahl entscheidend. Denn die Herausforderungen für das Management dynastischer Unternehmerfamilien sind enorm, sodass es entscheidend ist, kompetente Personen zu finden und auszuwählen, sie auszubilden und in entsprechende Positionen zu setzen. In diesem Zusammenhang prallen auch in dynastischen Familien die Organisationslogik der Kompetenz und die Familienlogik der Gleichheit aufeinander. Fragen der Kompetenzförderung und Personalauswahl können zu spannungsreichen Themen werden, die sensibel angegangen werden müssen. Wenn dabei die politische Logik demokratischer Mehrheitsentscheidungen hinzukommt und die Erwartung besteht, dass Gremienvertreter nicht nur kompetent, sondern auch populär sein sollten, dann wird deutlich, was für eine Mammutaufgabe die erfolgreiche Gewinnung geeigneter Personen für Management und Repräsentanz der Unternehmerfamilie ist. Diese wird dadurch etwas erleichtert, dass die Vielzahl und die Diversität der Gesellschafter die Wahrscheinlichkeit erhöhen, dass zumindest einige Kandidaten gefunden werden, die sowohl willens als auch fähig sind, die dynastische Unternehmerfamilie verantwortlich mitzugestalten.

6.1 Ausgangslage

Wenn wir große Unternehmerfamilien als „verdreifachte“ Familien verstehen, die sich zugleich in der Familien-, der Organisations- und der Netzwerklogik realisieren (s. ausführlich hierzu Kap. 2), dann sind die folgenden Ausführungen insbesondere auf die Organisationslogik bezogen, die meist in den

T. A. Rüsen et al., *Management der dynastischen Unternehmerfamilie*,
https://doi.org/10.1007/978-3-662-63500-1_6

Unternehmerfamilien 2.0 ausgearbeitet wird und natürlich auch in den großen Unternehmerfamilien 3.0 bedeutsam ist. Es geht dabei wesentlich um die Auswahl und die Besetzung von Positionen innerhalb der Family-Business-Governance-Strukturen. Kompetente Mitglieder der dynastischen Unternehmerfamilie sollen gefunden werden, die geeignet und willens sind, Funktionen für die Familie zu übernehmen. Diese Auswahl kann in großen Unternehmerfamilien auf – im Vergleich zu kleineren Familien – relativ viele Personen zurückgreifen, was die Wahrscheinlichkeit erhöht, geeignete Interessenten für die zu besetzenden Positionen zu finden. Bei den meisten Projektteilnehmenden wird daran festgehalten, für die Gesellschafter- und Familiengremien und insbesondere für den Vorsitz, geeignete Mitglieder aus der Familiengemeinschaft zu finden. Externe Personen werden ggf. für solche Positionen nur vorübergehend im Ausnahmefall akzeptiert. Die Balance der Pole von Herkunft und Kompetenz ist dabei auch in den hier untersuchten Familien ein sensibles Thema vor allem beim Finden entsprechender Persönlichkeiten. Die Ausbildung kompetenter Funktionsträger geht von vier Fragen aus:

1. Wie kann eine familieninterne oder -externe Ausbildung organisiert werden, die eine hohe Grundkompetenz der Gesellschafter und Gesellschafterinnen sicherstellt, ohne Personen, die etwa einer eigenen Berufstätigkeit nachgehen, zu überlasten, und wie verpflichtend kann eine solche eingefordert werden?
2. Wie können Familienmitglieder mit relevanten Erfahrungen bzw. Führungstätigkeiten für eine Mitarbeit im Aufsichtsgremium gewonnen und an diese herangeführt werden?
3. Wie kann die Gremientätigkeit mit einer Berufstätigkeit intelligent so kombiniert werden, dass die Voraussetzungen für eine Mitarbeit hierin nicht gerade dazu führen, dass die „klügsten Köpfe" aus der Familie verhindert werden?
4. Welche Anreize können für das Engagement in Gremien, möglicherweise auch verbunden mit einer Beendigung des bisherigen Berufes, geschaffen werden?

Ausgehend von diesen vier Fragen betrachten wir im Folgenden, wie qualifizierte Personen innerhalb des Familienkreises gefunden und gewonnen werden können, wie die Auswahlentscheidungen organisiert sowie für alle Beteiligten gesichtswahrend getroffen werden können, und wie die Attraktivität derartiger Positionen so ausgestaltet werden kann, dass das Interesse daran geweckt wird, ohne dass überhöhte Ansprüche z. B. an die Vergütung bzw. Zielkonflikte in Bezug auf die bisherigen Karriereentscheidungen der Kandidatinnen und Kandidaten entstehen.

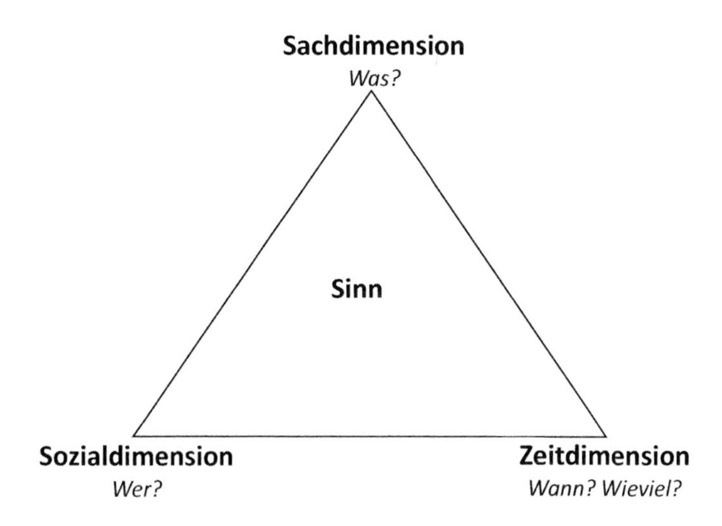

Abb. 6.1 Sinn-Dimensionen der Kompetenzen

6.2 Anforderungsprofile für zu besetzende Positionen

Hier stellen sich Fragen nach der Eignung, also nach der Bereitschaft und der Fähigkeit, entsprechende Positionen in den Governance-Strukturen des Unternehmens und der Unternehmerfamilie zu besetzen. Dabei können die Erwartungsdimensionen der Bewertung dieser Eignung *sachlich, sozial* und *zeitlich* als Sinn-Dimensionen der Kompetenzen differenziert werden (s. Abb. 6.1).[1]

Hinsichtlich der *Sachdimension* geht es um die Frage, was an Kompetenzen mitzubringen ist, welche Fähigkeiten und Vorerfahrungen also erwartet werden. Kompetenzen, die sich insbesondere auf die Fähigkeit beziehen, Vertrauen innerhalb der Familien zu stiften und als vertrauenswürdig anerkannt zu werden, sowie in Kontrollgremien effizient arbeiten zu können, werden der *Sozialdimension* zugerechnet. Die *Zeitdimension* verdeutlicht, dass für die engagierte und leistungsbereite Ausfüllung dieser Aufgaben Zeitkontingente aufzuwenden und einzusetzen sind.

[1] Zur Differenzierung von Sinn in drei Dimensionen, die jeweils mit den Attributen „sachlich", „sozial" und „zeitlich" gekennzeichnet werden: Luhmann (1984, S. 112).

- Sachdimension:
  Im Einzelnen werden hier Aspekte genannt, die allgemeine und spezielle Qualifikationen betreffen. Als allgemein gelten etwa abgeschlossene Ausbildung bzw. ein Studium, erfolgreiche Berufserfahrung, Sprachkenntnisse, fundierte betriebswirtschaftliche Grundkenntnisse, also das Lesen von Bilanzen und Schlüsselkennzahlen sowie taktisches, strategisches und unternehmerisches Denken und Handeln. Die speziellen Qualifikationen beziehen sich auf die jeweiligen Besonderheiten des Familienunternehmens wie Kenntnisse der Unternehmensgeschichte, Wissen um die Geschäftsmodelle und die wesentlichen Produkte das Marktumfeldes, also die Wettbewerbsstrukturen sowie Vor- und Nachteile gegenüber Wettbewerbern, Strategiekenntnisse, Wissen um die spezifischen Dynamiken der digitalen Transformation des Familienunternehmens und profunde Kenntnisse der Corporate und der Family Governance.[2]
  Ergänzend dazu sind (sozial-)psychologische und (sozial-)pädagogische Fähigkeiten zu nennen, die notwendig sind, um in passender und erfolgreicher Weise soziale Beziehungs- und Netzwerkarbeit zu leisten. Bisher erscheinen uns die zuletzt genannten Kompetenzbereiche in ihrer Bedeutung noch unterschätzt oder als selbstverständlich angenommen und nicht besonders herausgestrichen zu werden (vgl. Kap. 9).
- Sozialdimension:
  Diese bezieht sich vor allem auf die sozio-emotionalen Aspekte, die mit der Bekleidung von Gremienpositionen einhergehen. Hier spielt das Vertrauen eine entscheidende Rolle, das die Repräsentanten der Unternehmerfamilie inner- und außerfamiliär genießen und hinsichtlich der weit verzweigten sozialen Netzwerkbeziehungen zu etablieren verstehen. Als Grundbedingung wird dafür nicht nur die Kenntnis der Familien- und Unternehmenswerte erwartet, sondern auch deren „Verkörperung“ durch die Gremienvertreter. Dadurch sind Personen, die herausragende Positionen als Repräsentanten der Unternehmerfamilie bekleiden, idealerweise zugleich Vertrauens- und Respektspersonen für die Unternehmerfamilien-Gemeinschaft und ferner auch für die Mitarbeiter des Unternehmens.
  Das große Interesse für das Unternehmen und die Familie sollte sich in allen öffentlichen Auftritten zeigen. Zugleich geht damit eine „Sprachfähigkeit“ gegenüber dem und eine Akzeptanz im Unternehmen einher, denn es sind die Funktionsträger, die die „Stimme der Familie“ in das Unternehmen hinein hörbar machen. Hier braucht es ein durch Wissen und Kompetenz getragenes freundliches Selbstbewusstsein den familienexternen Mitgliedern des

[2] Zu weiteren Inhalten und Bestandteilen der Sachdimension von Kompetenzen eines Gremienmitgliedes auch Kormann (2008) oder Rüsen (2020).

Aufsichtsgremiums sowie dem Top-Management gegenüber, deren Mitglieder auf den ersten beiden Führungsebenen persönlich bekannt sein müssen. Nur so können Repräsentanten der Familie zu ernsthaften Sparringspartnern für den Vorstand des Unternehmens, für den Gesellschafterausschuss sowie den Beirat oder Aufsichtsrat werden.

- Zeitdimension:
Hier wird die Bereitschaft adressiert, zeitliche Ressourcen von mindestens 25 Arbeitstagen im Jahr für die Tätigkeit als einfaches Mitglied in einem der Gremien einzubringen. Daneben ist eine hohe zeitliche Flexibilität, auch an den Wochenenden und in den Abendstunden tätig zu werden, notwendig. Dies verweist darauf, dass auch andere Arbeits- und Lebensverhältnisse von Gremienvertretern betroffen sind, sodass eine Akzeptanz von Arbeitgebern sowie von Ehe- und LebenspartnerInnen notwendig ist. So stellt sich für einfache Mitglieder eines solchen Gremiums mitunter eine zentrale Frage in Bezug auf die eigene Karriere, die ggf. einen „Knick" aufgrund der Gremienarbeit erleidet. Ähnlich wie bei der Elternzeit kann die Reduktion des Einsatzes im Arbeitsumfeld zugunsten des Familienunternehmens zu persönlichen Nachteilen führen. Findet dann eine Abwahl nach ein bis zwei Amtsperioden statt, kann eine nachhaltige Beeinträchtigung der persönlichen Entwicklung befürchtet werden. Für die Familienmitglieder, die den Vorsitz bzw. die Stellvertreterfunktion eines zentralen Gremiums übernehmen, ist dieser Schritt oftmals nur mit einem vollständigen Ausstieg aus der vorherigen Berufskarriere realisierbar. Auch in diesem Zusammenhang stellt sich die Frage, wie eine Rückkehr zu der ursprünglichen Tätigkeit im Falle einer Abwahl bewerkstelligt werden kann. Meist ist dies nach ein bis zwei Amtsperioden nicht mehr möglich und die Unternehmerfamilie steht vor dem Dilemma, Familienoberhäupter nicht abwählen zu können, ohne diese in die mit einem massiven Gesichtsverlust begleitete Aufgabenlosigkeit zu entlassen. Sollte dies einmal passieren, fände sich zudem vermutlich kaum ein angemessen qualifiziertes Familienmitglied, das bereit wäre, ein derartiges Karriererisiko für die Familie einzugehen.

6.3 Erwartungen an den persönlichen Einsatz für die Unternehmerfamilie

Obwohl ein persönlicher Einsatz für die Unternehmerfamilie, zumindest in Form einer Gremienfunktion, auch angemessen vergütet wird, wiegen für die Motivation, eine solche Rolle einzunehmen, vermutlich andere Gründe schwerer, insbesondere die familiäre Loyalität und das Pflichtgefühl. Damit einher geht für (potenzielle) Gremienvertreter eine Balancierung zwischen drei Aspekten, und zwar jene zwischen 1) den persönlichen beruflichen Karrierezielen, 2) dem privaten Leben in der eigenen Kleinfamilie und 3) dem Leben der Unternehmerfamilie (s. Abb. 6.2). Aufgrund der erwarteten zeitlichen Flexibilität müssen die eigene persönliche Karriere, die eigene Familie und die Erwartungen an eine exponierte Gesellschafterrolle als Gremienmitglied miteinander in Einklang gebracht werden.

Um Familienmitglieder für die Tätigkeit in Gremien zu gewinnen, wird von einer projektteilnehmenden Unternehmerfamilie vor allem an das Verantwortungsbewusstsein der Gesellschafter appelliert: *„Erster Schritt ist, das Interesse am Unternehmen und das Verantwortungsbewusstsein zu erwecken"*. Daneben wird transparent gemacht, was die Aufgaben in dem jeweiligen Gremium sind und welche Entscheidungsprozesse dort in welcher Weise vollzogen werden. Oft scheitere die Bereitschaft des Mitmachens jedoch an den zeitlichen Anforderungen, da potenziell passende Mitglieder eben in eigenen beruflichen Karrieren und ihrer Kernfamilie stark eingebunden sind. So wird geäußert, dass die *„zeitliche Belastung [...] in den letzten Jahren gestiegen"* ist. Interessant ist, dass vor allem familiäre Kommunikationsaufgaben, speziell *„die Kontaktpflege zu den Gesellschaftern [...] sehr zeitaufwendig"* sind (s. a. Kap. 5).

Vielfach wird auch sehr früh damit begonnen, Personen an die Entscheidungsprozesse der Familie heranzuführen. Dabei wächst dann auch die Bereitschaft zur Mitarbeit. Eine Familie berichtete in dem Zusammenhang, dass das Interesse an

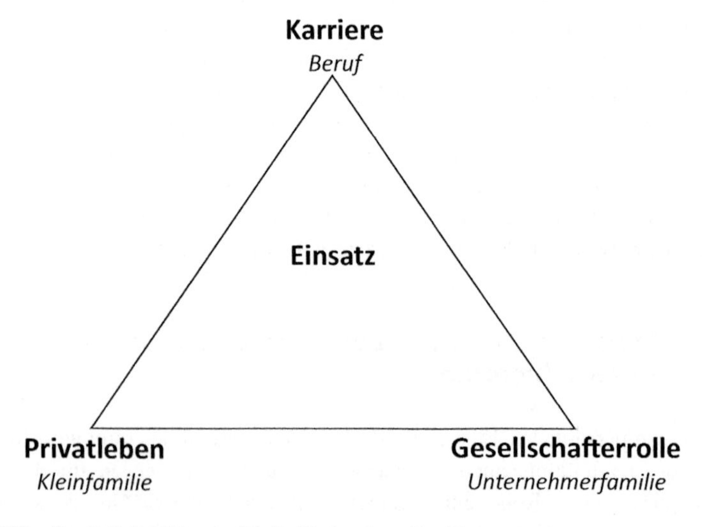

Abb. 6.2 Persönlicher Einsatz für die Unternehmerfamilie

verantwortlicher Partizipation so groß ist, dass es überhaupt keine Nachwuchsprobleme gibt. Wichtig erscheint es allen Familien, die Aufgaben in den Gremien transparent darzulegen. Familien, die eine sehr differenzierte Governance-Struktur und zahlreiche untergeordnete Gremien haben, berichten, dass sie diese auch als Pool zur Gewinnung von „Führungsnachwuchs" nutzen. Personen, die in diesen Gremien bereits gewirkt haben, können Kompetenz aufbauen und wissen zudem, was sie in den übergeordneten Gremien erwartet.

Vereinzelt wird auch berichtet, dass potenzielle Kandidaten für Gremientätigkeiten selbst in beruflichen Positionen arbeiten, die nicht kompatibel mit professionellen Gremienaktivitäten sind. Dann stelle sich die Frage: *„Welchen Job gebe ich für die Unternehmerfamilie auf, und was bekomme ich dafür?"* Professionelle Tätigkeiten in der Unternehmensberatung oder bei Banken vertragen sich meist nicht mit den ausgeübten Aktivitäten als Gremienvertreter. Hier werden von einigen Arbeitgebern sogar Betätigungsverbote ausgesprochen, um Interessenkonflikten vorzubeugen. So wird von einer konkreten Beratungsfirma gesprochen, die grundsätzlich nicht bereit ist, dass ihre Mitarbeiter gleichzeitig in Gremien tätig sind. Selbst bei befreundeten Firmen wird darauf geachtet, dass Familienmitglieder, die in Gremien arbeiten wollen, beruflich nicht in sensiblen Bereichen, wie z. B. Unternehmensstrategie oder Unternehmensplanung, arbeiten.

Aufgrund dieser Schwierigkeiten der Ausbalancierung des privaten Lebens, der beruflichen Karriere und der familiären Gremientätigkeit hat es sich für einige Familien bewährt, Menschen als Gremienvertreter zu gewinnen, die bereits den Zenit ihrer persönlichen beruflichen Erfolge überschritten haben und deren Kinder schon erwachsen sind. Wenn also Gremienmitglieder eine gewisse eigene Freiheit hinsichtlich ihres beruflichen und privaten Lebens gewonnen haben, dann erscheint es so, dass sie sich auch mit größerem Engagement der Tätigkeit in der Unternehmerfamilie widmen zu können. Zugleich sehen sie dieses Engagement auch weniger durch finanzielle Interessen motiviert, sondern grundsätzlich als für sich sinnstiftend und gemeinschaftlich orientiert. Ob diese Perspektive in Bezug auf die immer wichtiger werdende Digitalisierungskompetenz in den entsprechenden Gremien nicht abträglich ist, bleibt jedoch kritisch zu hinterfragen.

6.4 Gewinnung motivierter und kompetenter Familienmitglieder

In den von uns untersuchten dynastischen Unternehmerfamilien gibt es keine einheitlichen standardisierten und implementierten Verfahren zur Gewinnung motivierter und kompetenter Familienmitglieder für anspruchsvolle Gremientätigkeiten. Die Motivation des persönlichen Einsatzes für die Unternehmerfamilie ist jedoch eingewoben zwischen den Polaritäten 1) Zweck im Sinne persönlicher Sinnzuschreibung, 2) dem jeweiligen Pflichtgefühl bzw. der Verbundenheit mit der dynastischen Unternehmerfamilie und 3) dem Geld, also der Entlohnung für die Tätigkeit (s. Abb. 6.3).

Prinzipiell scheint es darum zu gehen, zwischen Zweck, Pflichtgefühl und Geld die passende Balance zu finden. Familienmitglieder, die diese Tätigkeit nur aus finanziellen Gründen (Entlohnung) ausüben, werden genauso wenig gesucht wie solche, die allein aus einer solchen Tätigkeit ihren persönlichen Sinn ziehen oder die sich einseitig von familiären Verpflichtungsgefühlen leiten lassen.

Hinsichtlich der Entlohnung bzw. Vergütung zeigen sich in den von uns untersuchten Familien unterschiedliche Vorgehensweisen. Mehrere Familien entlohnen ihre Gremienvertreter nach den marktüblichen Sätzen für Vorstände sowie Beirats- und Aufsichtsratspositionen in Unternehmen vergleichbarer Größenordnungen. In einigen Fällen werden jedoch deutlich höhere Beträge mit dem Verweis auf die gesteigerte Erwartungshaltung bzw. den Zusatzaufwand neben der originären Tätigkeit vergütet. In anderen dynastischen Unternehmerfamilien erhalten die Gremienvertreter lediglich eine relativ geringe Aufwandsentschädigung

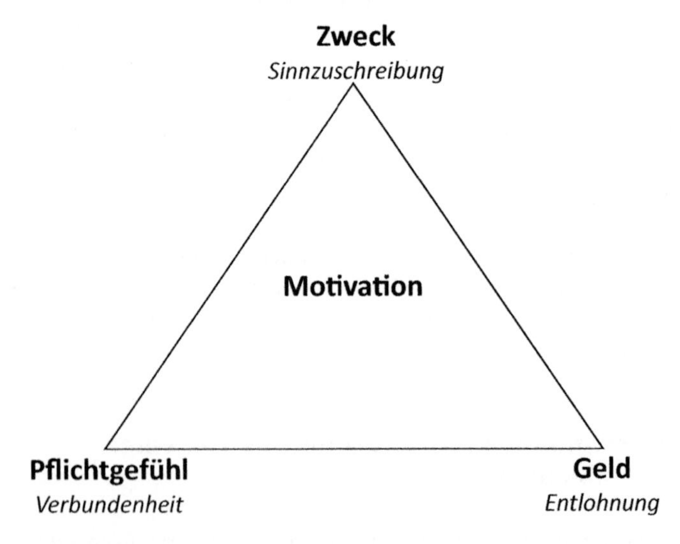

Abb. 6.3 Motivation des persönlichen Einsatzes

mit dem Verweis auf die Ausschüttung als „Unternehmerlohn". Zudem werden vereinzelt Tagessätze bzw. Sitzungsgelder gezahlt. Schließlich erhalten in weiteren Familien nicht nur die in Vollzeit tätigen Familienoberhäupter, sondern alle Gremienmitglieder jeweils ein Salär.[3]

6.5 (Aus-)Wahl und Erwartungsmanagement

Hinsichtlich der Frage, welche Erwartungen die Unternehmerfamilie bzw. die Gremien an ihre Vertreterinnen und Repräsentanten haben und wie die Wahlverfahren zur Besetzung der Positionen konzipiert sind, zeigen sich ganz unterschiedliche Ausgestaltungsformen. Bevor auf diese eingegangen wird, können wir ganz grundsätzlich sagen, dass die Selektions- bzw. Auswahlprozesse wiederum um drei Dimensionen kreisen, zwischen denen bestenfalls eine passende Balance geschaffen werden kann. So sollen (1) entsprechend der Unternehmenslogik selbstverständlich die Kompetentesten für die Positionen gefunden und gewählt werden. Diese zeigen sich (2) jedoch auch im Sinne der Familienlogik als Personen, die dem Werteverständnis der Familie gegenüber loyal sind. Schließlich erfolgt (3) die Wahl auch nach einer politischen Logik, weil Personen besonders gute Chancen haben, die über hohes Ansehen bzw. Popularität innerhalb der Unternehmerfamilie verfügen (s. Abb. 6.4).

Ganz im Sinne der politischen Logik formuliert daher das Mitglied eines Gesellschaftergremiums unseres Projektes: *„Wir überlassen die Entscheidung, wer gewählt wird, komplett der Familie, und so geben wir nur sehr zurückhaltend und sehr vorsichtig eine Rückmeldung zur Einschätzung der Wahlchancen."* In dieser Familie werden die Logiken der (unternehmensbezogenen) Kompetenz und der (familiären) Loyalität durch einen differenzierten Feedbackprozess verbunden. Es heißt dort: *„Die KandidatInnen werden in den Personalausschuss eingeladen und bekommen dann von diesem eine äußerst vertrauliche und ggf. gesichtswahrende Rückmeldung."*

In einer anderen Familie werden klare Kriterien benannt, die von einem Nominierungsausschuss, der mit allen Bewerbern spricht, als Grundlage für eine Einschätzung vorgenommen werden. Die BewerberInnen bekommen auch dort ein vertrauliches Feedback. Eine weitere Unternehmerfamilie verbindet die genannten drei Dimensionen Kompetenz, Loyalität und Beliebtheit sehr offen: *„Wichtig ist, die Erwartungshaltung der Gesellschafterfamilie gegenüber möglichen KandidatInnen klar zu kommunizieren (fachliche Kompetenz, überzeugende Persönlichkeit*

[3] Zum Thema der Vergütung von Gremienmitgliedern auch Kormann (2008, S. 474 f.).

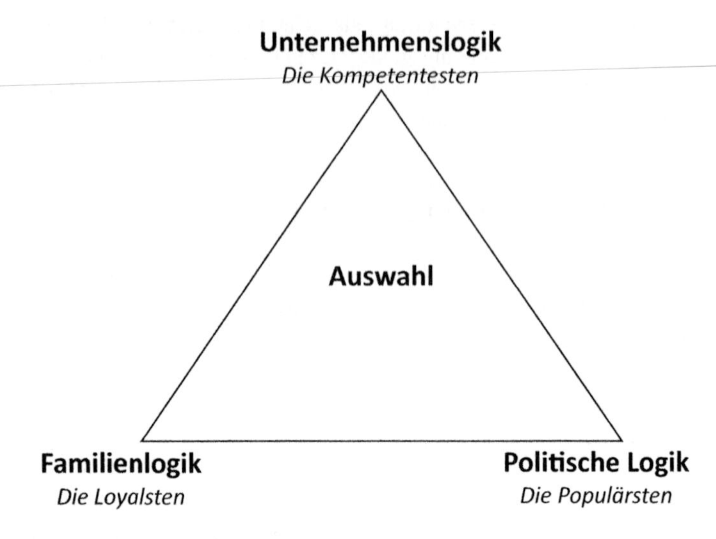

Abb. 6.4 Auswahl der Funktionsträger

und Rückhalt in der Familie). Permanenter Abgleich zwischen den gegenseitigen Erwartungen, regelmäßige Gespräche und im Zweifel gefühlvoller Umgang mit enttäuschten Erwartungen sind wichtig."

Alle Familien versuchen – auf der politischen Vorderbühne –, ihre Besetzungsverfahren so demokratisch wie möglich durchzuführen, also über Wahlen zu realisieren, in denen die Mehrheiten nach Stimmrechten entscheiden (s. a. Kap. 4). Allerdings zeigen sich Hinterbühnen, auf denen subtil über Erwartungsmanagement nicht nur entsprechende Familienmitglieder angesprochen, sondern auch Abstimmungsprozesse vorbereitet werden. Denn es geht darum, nicht nur den Logiken der Politik (Demokratie) und der Organisation (Kompetenz) gerecht zu werden, sondern auch den familiären Frieden im Blick zu behalten und zu schauen, dass sich unterschiedliche familiäre Perspektiven (z. B. Stämme, Anteilsgrößen) in den Gremien wiederfinden, sich repräsentiert fühlen.

Grundsätzlich können Unternehmerfamilien es sich tendenziell eher nicht leisten, dass die Reputation von Familienmitgliedern leidet, die sich zur Wahl stellen, dann aber nicht gewählt werden. Einer möglichst beschädigungsfreien Wahl der Familienvertreter kommt daher insgesamt eine hohe Bedeutung zu. Denn im Gegensatz zu einem Unternehmen oder zu politischen Parteien können die Menschen das Feld nicht verlassen, sie bleiben Mitglied der Familiengemeinschaft.

Deshalb ist ein hochsensibler Umgang mit der Auswahl von Funktionsträgerinnen und ihrer demokratischen Legitimierung innerhalb der Unternehmerfamilie üblich.

Wenn Personen ins Amt gelangen, die kompetent, loyal und populär sind, dann halten sie sich zumeist jahrelang auf ihren Positionen. Dies wiederum ist allerdings ein Problem für nachwachsende Familienmitglieder, also für Nachfolger als Menschen, die ebenfalls solche Ämter anstreben, aber sehr lange warten müssen, bis entsprechende Positionen frei werden (zu sich daraus möglicherweise ergebenden Konflikten s. Kap. 8). So wird von einem Mitglied unseres Projektes problematisiert, dass diese langen Amtszeiten auch dann eine Herausforderung sind, wenn Personen nicht wiedergewählt werden: *„Das Dilemma ist die Kultur der langen Amtszeiten, d. h. einmal reingewählt, bleibt man für 10, 15, 20 Jahre Gremiumsmitglied. Nicht wiedergewählt zu werden, ist dann eine ‚Schande'. Durch die fehlende Flexibilität werden Chancen vertan. Wie man dies umgehen kann, ist aufgrund der kulturellen Gegebenheiten äußerst schwierig."* Vor dem Hintergrund dieser Problematik wurden im Rahmen des Projektes die Möglichkeiten einer Amtszeitbegrenzung auf maximal zwei bis drei Perioden eruiert mit der Option, nach einer Perioden-Auszeit erneut kandidieren zu können.

Wer von Erwartungsmanagement spricht, der muss sich schließlich auch mit Enttäuschungsmanagement befassen, wie in einer Familie zum Ausdruck gebracht wird. In dieser ist das Interesse an Gremientätigkeiten im Familiennetzwerk sehr groß. Daher kommt es bei Wahlen zwangsläufig zu Enttäuschungen, auch bei entsprechenden Qualifikationen oder bei bereits längeren Amtszeiten. Das sei *„ein Lebensumstand, mit dem die betreffenden GesellschafterInnen fertig werden müssen."* Demgegenüber zeige sich aber auch, dass es in dynastischen Unternehmerfamilien offenbar jeweils ein gutes soziales Gespür für die passenden Kandidaten gibt, die es schaffen, die familiäre, unternehmensbezogene und politische Logik zu vereinen. So zeige sich schließlich, *„dass die Familie als Ganzes doch relativ zielsicher qualifizierte Kandidaten für die Gremien wählt."* Diese Feststellung scheint alle der am Projekt beteiligten Familienvertreter zu vereinen. Bisher gelang es dort bei Gremienbesetzungen zumeist, Kompetenz, Familienloyalität und Popularität in angemessener Weise zu kombinieren und ein Enttäuschungsmanagement zu betreiben, das die nachhaltige Beschädigung abgewählter bzw. die Nicht-Wahl von Kandidaten verhindert hat.

6.6 Qualifikation und Assessment relevanter Persönlichkeiten für Gremienpositionen

„*Am Ende zählt die Persönlichkeit der Gremienvertreter.*" Diese Feststellung teilen alle Vertreter der projektbeteiligten dynastischen Unternehmerfamilien. Daher können wir die grundsätzlichen persönlichen Kompetenzen differenzieren, die Führungskräfte dieser Familien aufweisen sollten, und fragen, wie diese, etwa durch Fort- und Weiterbildung, qualifiziert und durch Assessmentverfahren bewertet werden können. Zunächst lässt sich feststellen, dass sich derartige Persönlichkeitsmerkmale durch die drei Dimensionen 1) Rationalität/Kognition (Wissen, Denken, Vernunft), 2) Emotionalität (Fühlen, Empathie) und 3) Performance (effektives Handeln) auszeichnen (s. Abb. 6.5).

Im Blick auf *Rationalität* und *Kognition* werden neben dem oben bereits genannten fachlichen Wissen, geistige Unabhängigkeit, ein klarer, analytischer Verstand zur Urteilsfähigkeit und Menschenkenntnis genannt. Als Fähigkeiten, die sich auf *Emotionalität* beziehen, können Team-, Kommunikations- und Konfliktfähigkeit, soziale und empathische Kompetenzen, aber auch Kontaktfreudigkeit, persönliche Integrität und moralische Unabhängigkeit aufgeführt werden. Als Aspekte, die sich auf *Performance* beziehen lassen, wurden Führungsstärke, Stressresistenz, Vernetzungsfähigkeit und Internationalität unterschieden.

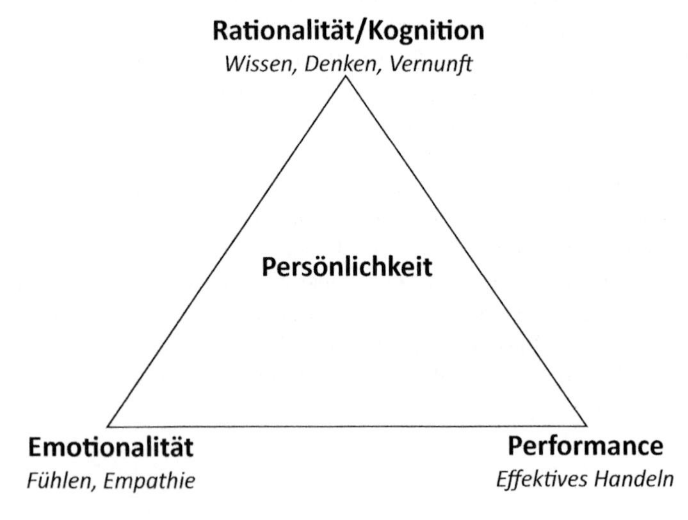

Abb. 6.5 Persönliche Kompetenzen

Sichtbar werden an dieser differenzierten Benennung von Anforderungsprofilen die hohen Erwartungen, die sich auf potentielle Repräsentanten der Unternehmerfamilie beziehen. Daher stellen sich mindestens zwei Fragen, und zwar welche Personen mit diesen Kompetenzen in der Familie überhaupt gewonnen werden können und welche Verfahren passend sind, damit Familien ein entsprechendes Recruiting realisieren können.

Wenn es darum geht, in dieser Weise kompetente Gremienmitglieder zu finden bzw. zu qualifizieren, dann sind diesbezüglich Aktivitäten der Fort- und Weiterbildung relevant, zumal alle von uns untersuchten Familien einen großen Wert auf Wissenstransfer legen und eine exzellente Grundausbildung voraussetzen. Wenn weiterführende Bildungsveranstaltungen in Anspruch genommen werden, übernimmt die Familie dafür die Kosten – das ist in allen von uns untersuchten Familien Konsens. Bezüglich solcher sekundären Bildungsprogramme spielen allerdings auch anderweitige Verpflichtungen im privaten wie im beruflichen Leben der relevanten Familienmitglieder hinein. Die Zeitproblematik ist hier ein zentrales Thema.

In diesem Zusammenhang bieten die Unternehmerfamilien zum Teil eigene Fort- und Weiterbildungen an.[4] Zusätzlich werden spezifische Angebote spezieller Programme für Gesellschafter dynastischer Unternehmerfamilien in Anspruch genommen. Zentral dabei ist, dass auch Familienmitglieder, die keine betriebswirtschaftliche Grundausbildung besitzen, aber für Gremientätigkeiten geeignet erscheinen und willens sind, eine solche Funktion zu übernehmen, eine entsprechende Zusatzqualifikation erwerben können.

Allerdings steht einer gezielten Ausbildung von vorher selektierten Personen das demokratische und partizipative Besetzungsverständnis von Gremienpositionen entgegen. Hier äußert sich eine Teilnehmerin unseres Projektes sehr klar: *„Wir bilden derzeit nicht gezielt aus, die Weiterbildungsmaßnahmen stehen allen offen, weitestgehend altersunspezifisch und unabhängig davon, ob ein Wunsch bezüglich einer Gremienarbeit überhaupt existiert."* Entscheidend ist, dass keine Erwartung geweckt werde, dass die Teilnahme an einer Weiterbildung quasi automatisch einen Gremienposten bedeutet. So heißt es in einer Familie: *„Man kann aber offen kommunizieren, dass eine Weiterbildung kein Garantieschein ist, und man sollte darüber hinaus die Erwartung kommunizieren, mit Enttäuschungen professionell umzugehen – im Sinne der Familienwerte."*

---

[4] Beispielhaft hierzu für die Familie Merck: Rüsen & Stangenberg-Haverkamp (2020), sowie für die Familie Freudenberg: Simons (2020).

Um eine Auswahl von passenden Kandidaten zu realisieren, werden in einigen Familien insbesondere interne Assessmentverfahren genutzt. Allerdings werden diese sehr differenziert betrachtet und hinsichtlich ihrer Möglichkeiten und Nachteile bewertet. Denn ein klassisches Assessment folgt eindeutig einer unternehmensbezogenen Kompetenzlogik,[5] wohingegen in den von uns untersuchten Unternehmerfamilien die Erwartungen an Gremienmitglieder auch von der Familienlogik mitbestimmt sind.[6] Daher sollten solche Assessments, wie es von einer Familie heißt, von externen Personen durchgeführt werden. Herausfordernd ist dann jedoch, dass auch familienspezifische Kriterien einbezogen werden, die Externe womöglich nur schwer sensibel integrieren können. So zeigt sich an dieser Stelle sehr deutlich, dass die Verklammerung von familien- und kompetenzorientierten Bewertungsmaßstäben für Gremienkandidaten herausfordernd ist und in der Familie gut vorbereitet, diskutiert und abgestimmt werden muss. Daher wäre es möglicherweise hilfreich, wenn Assessments tatsächlich als verpflichtend eingeführt werden, aber der Umgang mit den Ergebnissen in der Selbstverantwortung der Kandidaten liegt. Doch *„wer eine Gremienfunktion übernehmen will, hat dieses Assessment durchzuführen und muss dessen Ergebnisse auch dem Familiengremium vorlegen“,* so lautet ein Vorschlag, der in unserem Projekt geäußert wurde.

Weiterhin bilden einige Familien Kandidatenpools, *„Goldfischteiche“,* also Kreise von Potenzialträgern für die mögliche Besetzung von Gremienpositionen. Für solche Pools werden teilweise bestehende Gremien genutzt, die ausdrücklich mit relativ vielen Mitgliedern besetzt werden, damit einige von diesen als Nachfolger für Spitzenpositionen der Unternehmerfamilie nachrücken können. Hier wird problematisiert, dass solche Auswahlpools in einen Konflikt mit einem demokratischen Familienverständnis geraten können, wonach allen interessierten Familienmitgliedern die Möglichkeit offenstehen sollte, sich für einen Gremiensitz zu bewerben und potenziell auch gewählt zu werden. Daher werden Selektionsgespräche zur Anfrage ganz bestimmter Familienmitglieder für Gremien nur informell sowie äußerst sensibel und vorsichtig durchgeführt.

Besonders herausfordernd ist freilich die Besetzung des Vorsitzes des Gesellschafter- bzw. des Familiengremiums. Denn diese Position wird als Vollzeitfunktion bewertet. Hier werden fundierte nationale wie internationale berufliche Erfahrungen im Top-Management von vergleichbaren Unternehmen erwartet sowie entsprechende Qualifikationen vorausgesetzt. Nur in dieser Weise, so die

---

[5] Hierzu auch Felden et al. (2020).

[6] Zu den Inhalten und Dimension solcher Verfahren für Gremienvertreter in Familienunternehmen und Unternehmerfamilien Felden & Rüsen (2020).

Tab. 6.1 Felder der Kompetenzentwicklung und Personalauswahl in dynastischen Unternehmerfamilien

Kompetenzfeld	Kognitive Dimension („Kopf")	Emotionale Dimension („Herz")	Aktionale Dimension („Hand")
Sinn	Sachdimension	Sozialdimension	Zeitdimension
Einsatz	Karriere	Privatleben	Gesellschafterrolle
Motivation	Zweck	Pflichtgefühl	Geld
Auswahl	Unternehmenslogik	Familienlogik	Politische Logik
Persönlichkeit	Rationalität	Emotionalität	Performance

KEA- und SEMAP-Kompetenzfelder

einhellige Meinung unserer Projektteilnehmenden, kann dem familienexternen Top-Management-Team in der Aufsichtsrolle auf „Augenhöhe" begegnet werden. Schließlich sind langjährige Erfahrungen im Gesellschafter- und/oder Familiengremium wichtig, um die Anerkennung innerhalb der dynastischen Unternehmerfamilie zu gewinnen. Denn Vertrauen wird als zentrales Wahlkriterium benannt. Die Wahl selber wird intensiv vorbereitet und erfolgt in den einzelnen Familien und je nach Gremium unterschiedlich (s. ausführlich dazu Kap. 4).

6.7 Fazit

Großzahlige Unternehmerfamiliengemeinschaften haben es hinsichtlich ihrer Spitzenpositionen in den familien- und eigentumsbezogenen Gremien mit komplexen Anforderungsprofilen zu tun, die in dreidimensionaler Weise als kognitiv, emotional und aktional orientiert bewertet werden könnten, wie die folgende Tabelle veranschaulichen soll. Diese Ausrichtung auf die Dimensionen der Kognition, Emotion und Aktion kann mit dem Akronym „KEA"[7] bezeichnet und metaphorisch als ganzheitliche Orientierung auf „Kopf", „Herz" und „Hand" bewertet werden (s. Tab. 6.1).

Dabei fokussieren die Dimensionen des Kompetenzfeldes für Gremienvertreter dynastischer Unternehmerfamilien neben ihrer KEA-Ausrichtung die in diesem Kapitel beschriebenen „SEMAP"-Aspekte von Sinn, Einsatz, Motivation, Auswahl und Persönlichkeit, wie schließlich ebenfalls als Akronym kenntlich

[7] Dazu ausführlich Kleve (2020).

gemacht werden kann. Diese fünf Aspekte lassen sich demnach von ihrer Tendenz her jeweils eher der kognitiven, emotionalen oder eben aktionalen bzw. handlungsorientierten Dimension zuordnen.

Literatur

Felden, B., & Rüsen, T. A. (2020). Kompetenzbeurteilung von operativ tätigen Mitgliedern der Unternehmerfamilie. *Familienunternehmen und Strategie, 10*(2), 50–57.

Felden, B., Wirtz, M., & Rüsen, T. A. (2020). Assessments in Unternehmerfamilien. In T. Rüsen & A. Heider (Hrsg.), *Aktive Eigentümerschaft im Familienunternehmen. Gesellschafterkompetenz in Unternehmerfamilien entwickeln und anwenden* (S. 299–246). Schmidt.

Kleve, H. (2020). Sozialisation, Erziehung und Lernen in Unternehmerfamilien. Das KEA-Modell für „Kopf", „Herz" und „Hand". In T. Rüsen & A. Heider (Hrsg.), *Aktive Eigentümerschaft im Familienunternehmen. Gesellschafterkompetenz in Unternehmerfamilien entwickeln und anwenden* (S. 247–259). Schmidt.

Kormann, H. (2008). *Beiräte in der Verantwortung: Aufsicht und Rat in Familienunternehmen.* Springer.

Luhmann, N. (1984). *Soziale Systeme. Grundriss einer allgemeinen Theorie.* Suhrkamp.

Rüsen, T. A. (2020). Gesellschafterkompetenz in Unternehmerfamilien – Alles, was ein Gesellschafter und dessen Angehörige wissen und können sollten. In T. A. Rüsen & A. Heider (Hrsg.), *Aktive Eigentümerschaft im Familienunternehmen – Gesellschafterkompetenz in Unternehmerfamilien entwickeln und anwenden* (S. 25–48). Schmidt.

Rüsen, T. A., & Stangenberg-Haverkamp, F. (2020). Familienmanagement im Hause Merck: Ansätze und Maßnahmen zur Entwicklung von Gesellschafterkompetenz. In T. A. Rüsen & A. Heider (Hrsg.), *Aktive Eigentümerschaft im Familienunternehmen – Gesellschafterkompetenz in Unternehmerfamilien entwickeln und anwenden* (S. 393–398). Schmidt.

Simons. F. (2020). Entwicklung von Gesellschafterkompetenz am Fallbeispiel der Unternehmerfamilie Freudenberg. In T. A. Rüsen & A. Heider (Hrsg.), *Aktive Eigentümerschaft im Familienunternehmen – Gesellschafterkompetenz in Unternehmerfamilien entwickeln und anwenden* (S. 399–404). Schmidt.

7 Vermögen, Ausschüttungen und Wert-Differenzen

Zusammenfassung

In dynastischen Unternehmerfamilien wird von den vielen Gesellschaftern vor allem eines erwartet: dass sie ihre ererbten Anteile am Familienunternehmen treuhänderisch verstehen, behüten und pflegen, um diese an die nächste Generation weiterzugeben. Welche familienstrategischen Maßnahmen mit dieser Treuhänderhaltung einhergehen und wie diese in den von uns untersuchten Familien wirken, wird im Folgenden anhand von vier Spannungsfeldern erläutert, zwischen denen sich das Vermögensmanagement bewegt. Dabei geht es in unterschiedlicher Weise immer wieder um die Frage, wie die Balance von familiärer Gemeinschafts- und Unternehmensorientierung mit den individuellen Verantwortungen der Gesellschafter bezüglich des aus Ausschüttungen resultierenden Vermögens in passender Weise gestaltet werden kann. Passend ausbalanciert sind diese Spannungsfelder, wenn es gelingt, gleichermaßen den familiären, unternehmerischen und individuellen Erwartungen der beteiligten Akteure in traditions- wie zukunftsorientierter Weise Rechnung zu tragen. (Dieses Kapitel basiert auf zwei Beiträgen, in denen wir gemeinsam mit Tobias Köllner und Fabian Simons die vier Spannungsfelder des Vermögensmanagements in dynastischen Unternehmerfamilien bereits skizziert und diskutiert haben: Köllner et al. (2020), Kleve et al. (2021)).

7.1 Ausgangslage

Ein wesentliches Privileg, zu einer mehrgenerationalen Unternehmerfamilie zu gehören und Anteile an einem erfolgreichen Familienunternehmen zu halten, liegt in der hierdurch entstandenen persönlichen Vermögenssituation des jeweiligen Mitglieds. Unabhängig von der eigenen beruflichen Tätigkeit bekommt jede und

T. A. Rüsen et al., *Management der dynastischen Unternehmerfamilie*,
https://doi.org/10.1007/978-3-662-63500-1_7

jeder über die gehaltenen Anteile jährliche Ausschüttungen. Diese können als „leistungsloses" Einkommen bewertet werden, weil sie nicht mit einer Erwerbsarbeit einhergehen, sondern durch Vererbung begründet sind. Mit Blick über das Medium der Reziprozität von Geben und Nehmen innerhalb sozialer Netzwerke können wir davon ausgehen, dass die Ausschüttungen einen hohen Bindungscharakter haben.[1] Dieser ist nicht nur rein ökonomisch zu bewerten, sondern hat auch emotionale Komponenten, er führt bestenfalls zu einem Gefühl der Dankbarkeit hinsichtlich der besonderen familiären Einbindung (siehe hierzu auch Abschn. 6.5).

In unserem Projekt stellte sich die Frage, in welcher Weise dynastische Unternehmerfamilien den Aufbau von und den Umgang mit dem Vermögen ihrer Gesellschafterinnen und Gesellschafter unterstützen, ob es also in diesen familiären Gesellschafterkreisen ein organisiertes Vermögensmanagement gibt. Denn, wie regelmäßig betont wurde, sind die Repräsentanten der Gesellschafter- und Familiengremien daran interessiert, dass die Familienmitglieder zufriedene GesellschafterInnen sind. Eine solche Zufriedenheit wirkt sich letztlich positiv auf den familiären Zusammenhalt und damit auf die Eigentümergemeinschaft aus. Dieser Aspekt hat somit unmittelbaren Einfluss auf die sozio-moralische Einbettung des Unternehmens innerhalb der weit verzweigten familiären Eigentümerbeziehungen und stellt einen zentralen Beitrag zur Unternehmensstabilität dar. Von besonderer Bedeutung sind daher Governance-Regeln, die sich auf die Ausschüttungspolitik und die Vermögensstrategie der Unternehmerfamilie beziehen.

Bei der Betrachtung des Vermögens lassen sich insbesondere drei Vermögensarten unterscheiden:

1. im Unternehmen gebundenes Vermögen (Eigenkapital und Darlehenskonten der Gesellschafter);
2. gemeinsame Kapitalanlagen der Mitglieder der Unternehmerfamilie jenseits des Familienunternehmens (gemeinsame Vermögensholding, Anlagegesellschaften, Family Office etc.) und
3. das Privatvermögen der Familienmitglieder.[2]

---

[1] Ausführlich hierzu auch Kormann (2018).

[2] Aus einer rechtlichen Perspektive sind sämtliche Vermögensformen eines Gesellschafters als Privatvermögen anzusehen. Die gelebten Werthaltungen innerhalb der Unternehmerfamilien führen jedoch zu anderen Zuschreibungen. Zu einer differenzierten Betrachtung dieser Vermögenstypen auch v. Schlippe et al. (2017, S. 272 ff.) sowie Kormann & Rüsen (2020).

Sichtbar wird im Rahmen unserer Forschung, dass in den Familien mehr oder weniger detaillierte strategische Regelungen vorhanden sind, um die drei Vermögensarten zu organisieren. Allerdings verhindern diese Regeln nicht, dass sich in den Familien ambivalente Spannungsfelder zeigen, die den familiären und individuellen Umgang mit dem Vermögen kennzeichnen. Und so beobachten und beschreiben wir das Vermögensmanagement als situiert in vier solchen Spannungsfeldern, die von Abwägungsprozessen gekennzeichnet sind. Denn ein gewonnener Vorteil innerhalb eines Spannungsfeldes muss möglicherweise mit Nachteilen, die mit diesem einhergehen, verglichen und bewertet werden. Die im Folgenden veranschaulichten ambivalenten Pole sind in Abb. 7.1 zusammenfassend dargestellt:

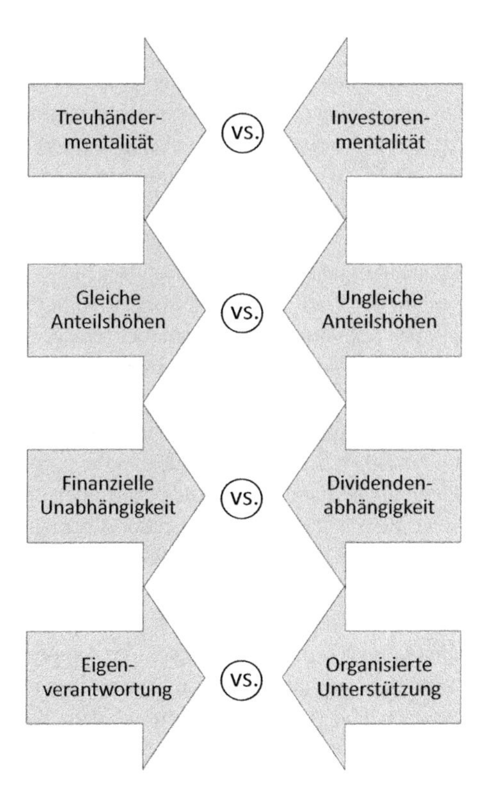

Abb. 7.1 Spannungsfelder im Vermögensmanagement dynastischer Unternehmerfamilien

7.2 Zwischen Treuhänderhaltung, mündigem Gesellschafter und Investorenmentalität

Anteilseigner eines Familienunternehmens zu sein, ist mehr als eine rein ökonomische Finanzanlage. Es ist eingewoben in eine mehrgenerationale Kette von Eigentümerschaft, die sozial-emotional mit Werten wie Dankbarkeit und Verantwortung aufgeladen ist. Ein Ergebnis der gefühlsmäßigen und wertebasierten Aufladung ist die oftmals etablierte Treuhänderhaltung in dynastischen Unternehmerfamilien. Demnach werden die Anteile am Unternehmen nicht als persönliches Eigentum verstanden, sondern als Leihgabe angesehen, die von Generation zu Generation weitergegeben werden soll. Hier geht es also um die grundsätzliche Frage der Vermögenssozialisation.[3]

Die Übernahme, der Erhalt, die Wertentwicklung sowie die Weitergabe der Anteile sind die Kernaufgaben als Gesellschafter. Diese transgenerational ausgerichteten Aufgaben bezüglich des Vermögens haben in vielen dynastischen Unternehmerfamilien einen höheren Stellenwert als die maximale Ausnutzung der per Gewinnbezugsrecht vorhandenen Möglichkeiten zur Maximierung von Dividendenzahlungen. Daher werden hier beispielsweise auch so geringe Ausschüttungshöhen akzeptiert, die anonyme Investoren am Kapitalmarkt dauerhaft nicht akzeptieren würden. Die Perspektive eines „geliehenen Vermögens auf Zeit" in Kombination mit der Aufgabe, es an die nachfolgenden Generationen weiterzugeben, steht hier im Kontrast zu der klassischen Rolle und Funktion eines Investors in der Logik des Kapitalmarktes. In den meisten der von uns beforschten Unternehmerfamilien wird diese Treuhändermentalität nach wie vor als äußerst relevant und gesellschafter- wie familienbindend erlebt.

Allerdings stellt sich zunehmend die Frage, ob diese Haltung tatsächlich soziomoralisch nachhaltig verankert ist oder nicht doch sehr personell, insbesondere mit den aktuellen Familienoberhäuptern und dem Vertrauen zu diesen verbunden ist. Dann könnte dieser Wert bei weiteren Generationsübergängen oder Personalwechseln verebben. Wäre dies der Fall, käme diese grundlegenden Werthaltung eher einem Wertekonstrukt der aktiv handelnden Personen gleich und ließe sich nicht als eine systemimmanente Basis festmachen. Unklar geblieben ist, ob es sich hierbei möglicherweise lediglich um Ängste der Gremienvertreter handelt. Um dies genauer ergründen zu können, müsste dieses Thema explizit im Gesellschaftskreis angesprochen und kritisch evaluiert werden, was offenbar jedoch kaum passiert. Zu groß scheint in den meisten Fällen das Tabu dieser Fragestellung zu sein. Scheinbar handelt es sich bei der Treuhändermentalität um eine

[3] Ausführlicher dazu Schulze & Kleve (2020); Kleve & Rüsen (2020); Kleve (2020, S. 74 ff.).

latente, selten explizit thematisierte Erwartungshaltung innerhalb der dynastischen Unternehmerfamilie.

Durch die TeilnehmerInnen unseres Forschungsprojektes wurden angesichts gesamtgesellschaftlicher Entwicklungen von Individualisierung und Pluralisierung, wie sie etwa seit den 1960er Jahren zu beobachten sind, deutliche Sorgen hinsichtlich eines schleichenden Verlustes dieser Mentalität artikuliert. Insbesondere bei Gesellschafterkreisen, in denen die Anteile nahezu gleichverteilt sind und mit jedem Generationswechsel immer kleiner werden,[4] könne sich deren Bindungskraft auflösen und die individuellen Interessen der Kleingesellschafter ihren Verpflichtungsgefühlen zum Unternehmen und zur Familie überlagern.

Im Gegensatz dazu können sich in Gesellschafterkreisen mit disparitätisch verteilten Anteilen die hier vorhandenen Klein- bzw. Kleinstgesellschafter vermehrt die Frage stellen, ob der Verkauf ihrer Anteile nicht nur ökonomisch klug wäre, sondern sie auch befreien würde von Ansprüchen der Unternehmerfamilie, die sie mehr und mehr als Zumutung empfinden. Es zeigt sich, dass in dynastischen Unternehmerfamilien mit dieser inhärenten Asymmetrie die Kleingesellschafter durchaus in der Unternehmerfamilie aktiv sind und offensiv ihre Interessen vertreten. Dies belegt der Satz eines Projektteilnehmenden, der äußerte: *„90 % des Lärms wird von weniger als 10 % der Gesellschafter mit weniger als 1 % der Anteile verursacht"* (vgl. hierzu auch Kap. 8).

Diesbezüglich herrscht in all den von uns untersuchten Familien eine starke partizipationsorientierte Philosophie. Auch wenn es anstrengend sei, die vielen einzelnen (Klein-) Gesellschafter in ihren Belangen regelmäßig und ernsthaft zu hören und einzubeziehen, sei es klug und wichtig, genau dies zu tun (s. a. Kap. 5). Denn das, was dynastische Unternehmerfamilien auszeichnet, geht bestenfalls von diesen Gesellschaftern aus, deren Anteile zwar immer kleiner und ökonomisch bedeutungsloser werden, die aber dennoch einen hohen Grad an Identifikation mit dem Unternehmen und der Familiengemeinschaft empfinden und damit die sozio-emotionale Basis für die besondere Eigentümerstruktur dieser Unternehmensform bilden. Daher sei es wichtig, dass alle Aktivitäten der Unternehmerfamilie auch darauf einzahlen, dass die breite Treuhändermentalität unter den Gesellschaftern nachhaltig gestärkt und als grundlegende Werthaltung in die nächsten Generationen weitergetragen wird.

Keinesfalls jedoch darf die Bindung an das Unternehmen über diese Haltung als eine Art *„Vermögensknast"* verstanden werden, eine provokante Aussage aus dem Gesellschafterkreis, von der ein Projektteilnehmer berichtete. Wird die

[4] Je Generationssprung wird mit einer Verdrei- bis Vervierfachung der Mitgliederzahl gerechnet.

Treuhänderhaltung gar als „Ausrede" für eine geringe Performance des Unternehmens wahrgenommen, kann sich die Wirksamkeit dieser Haltung in ihr Gegenteil verkehren. Insofern ist eine passende und wiederholt neu abzuwägende Balance zwischen Individualität und gemeinschaftlichen Werten zu realisieren, die beides beachtet, und zwar zum einen die Interessen der einzelnen Gesellschafter und zum anderen die Erwartungen der generationenübergreifenden Familiengemeinschaft.

Damit diese Balance gehalten und mit individuellen Entscheidungen der GesellschafterInnen ausgewogen werden kann, ist in einigen Unternehmerfamilien der verhältnismäßig „einfache" Anteilsverkauf durchaus möglich und jedem Mitglied freigestellt. Auch wenn dieser Verkauf nicht „nach außen" (i. S. v. nicht an familienfremde Personen bzw. den Kapitalmarkt) geschehen darf, sondern innerhalb des Familienstammes oder der Großfamilie zu erfolgen hat, könnte diese Freiheit einen paradoxen Effekt zeitigen. Denn gerade so kann sich möglicherweise ein bewusster Zugehörigkeitswunsch zur Unternehmerfamilie ergeben, der auch den Erwartungsdruck nach Loyalität dämpft: *„Bei uns kann jeder jederzeit gehen und hat innerhalb von vier Wochen sein Geld. Da ist viel Druck raus!"*, wie ein Teilnehmer des Projektes pointierte. In anderen Unternehmen sind allerdings die Ausstiegshürden erheblich höher. Hier müssten ausstiegswillige Gesellschafter erhebliche Preisabschläge (bis zu 40 % des geschätzten Anteilswertes) und lange Auszahlungszeiträume (bis zu 10 Jahren) in Kauf nehmen.

Schließlich zeigen sich in unserer Forschung drei Haltungen, die die Treuhändermentalität spezifizieren und die wir als Teilhabe am Erfolg, als Distinktionsgewinn und als Angemessenheitsperspektive bezeichnen:

1. Mit *Teilhabe am Erfolg* ist eine Position gemeint, die sich in der folgenden Äußerung eines unserer Studienteilnehmer manifestiert: *„Jeder von uns hat in der Geschichte einen Gründer, der sich vorstellte, dass er mit dem Unternehmen seiner Familie ein gutes Auskommen sichern würde. Man darf den Treuhandgedanken also nicht zu moralisch sehen. Da muss auch etwas rausspringen für die Familie und den Einzelnen. Wir wollen zufriedene, wohlhabende Gesellschafter."*
2. Als *Distinktionsgewinn* ist die privilegierte Zugehörigkeit zu einer besonderen Familie gemeint: *„Wir sehen es so, dass es auch etwas bedeutet, zu einem besonderen ‚Club' dazu zu gehören, dessen Mitgliedschaft seinen eigenen Wert an sich hat, die man sich ‚leisten' können muss."*
3. Mit der *Angemessenheitsperspektive* wird die ökonomische Dimension der Eigentümerschaft betont, die schließlich ebenso Berücksichtigung findet: *„Wir möchten mündige Gesellschafter, die angemessene Forderungen stellen. Es ist nicht unsere Aufgabe, die Gesellschafter zu ‚erziehen'. Wir wollen wettbewerbsfähig sein. Ich sehe mich auch als Investor – und da muss man mir dann erklären,*

warum ich nicht 5 % Dividende bekomme. Wenn ich das verstehe (z. B. für eine spezielle Investition), dann ist es auch gut. Gesellschafter zu sein, ist nicht nur eine Ehre, es ist auch eine gute Anlage."

7.3 Zwischen finanzieller Unabhängigkeit und Dividendenabhängigkeit der Gesellschafter

In dynastischen Unternehmerfamilien zeigt sich oft eine zentrale Erwartung bezüglich der Ausschüttungen, nämlich die, dass von diesen nicht der eigene Lebensunterhalt zu bestreiten sei. Alle Gesellschafter sollten eigenen Berufen nachgehen, eine individuelle Erwerbsarbeit ausführen, so dass die Dividenden ein angenehmes Zubrot sind, das aber nicht notwendig ist, um den eigenen Lebensunterhalt zu sichern. Sehr deutlich äußerte ein Familienoberhaupt daher: *„Bei uns gibt es die Denkhaltung, dass jeder Gesellschafter von dem Ertrag seiner Hände Arbeit seinen Lebenswandel gestalten soll. Ein Verlassen auf eine ‚Transferzahlung', also ein ‚Familien-Hartz-IV', ist bei uns verpönt."*

Allerdings, so berichten die ProjektteilnehmerInnen, erodiert die Realität dieser Haltung bei einigen Gesellschaftern zusehends. Diese würden sich auf die Dividenden verlassen und entsprechende Ausschüttungspraxen erwarten, insbesondere eine Sicherheit bezüglich der Mindesthöhen der jährlichen Dividenden. Eine solche Voraussagequalität der Dividendenhöhen ist daher inzwischen in einigen Familien etabliert, sodass eine Projektteilnehmende mitteilte: *„In ‚guten Jahren' schütten wir etwas weniger aus als möglich und in ‚schlechten Jahren' etwas mehr als eigentlich gut wäre. Damit haben wir eine Dividende, ‚die atmet'."*

Eine andere Praxis, um den Vermögensaufbau der Gesellschafter zu unterstützen, liegt in den strategisch orientierten Programmen, die die Bildung von Sekundärvermögen unterstützen, z. B. durch gezielte Beratung hinsichtlich diversifizierter Anlagestrategien. Dafür wurden zum Teil eigene Vermögensverwaltungen oder Family-Office-Strukturen aufgebaut, die das Sekundärvermögen der Familienmitglieder bündeln und investieren.

Eine Befürchtung zeigte sich in nahezu allen Familien unserer Untersuchung: Angesichts der gesicherten Dividendenzahlungen, die konstant bleiben oder gar steigen, könnten Anspruchshaltungen entstehen, die von einem kontinuierlich wachsenden Lebensstandard ausgehen und damit die in der Familiengemeinschaft erwartete „Bescheidenheit" und „Bodenständigkeit" als zentrale Werte infrage stellen (s. a. Kap. 8). Möglicherweise offenbart sich hier auch ein Generationskonflikt: Während die Vertreter der Nachkriegsgeneration an den klassischen Werten festhalten und diese verteidigen, stellen sich „Wohlstandseffekte" bei den Jüngeren ein. Diese empfinden eine künstlich vorgegebene Lebensführung mit bescheidener Enthaltsamkeit hinsichtlich des eigenen Lebensstils und von Konsum als sehr unangemessen und realitätsfern sowie als ein Prinzip der Seniorengeneration, das für sie nicht mehr bindend sei. Vielleicht haben sich auch die erfolgreichen Jahre von großzügigen Ausschüttungen zu selbstverständlichen Ansprüchen verdichtet, die sich nun in Spaltungen hinsichtlich der Einstellungen zwischen den Generationen zeigen. Eingewoben ist dies schließlich in gesamtgesellschaftliche Entwicklungen, die von der Soziologie etwa als Enttraditionalisierung der Lebensläufe und Lebensstile beschrieben werden.

7.4 Zwischen Gleichverteilung und wachsender Ungleichverteilung der Anteilshöhen

Dieses Spannungsfeld zeigt sich anhand von drei Phänomenen, und zwar hinsichtlich der Frage, ob *erstens:* die Anteile beliebig, also mit jedem Generationsübergang geteilt werden können; *zweitens:* ob die Anteilshöhen der einzelnen Gesellschafter für alle in der Gesellschaft transparent oder intransparent sind und *drittens:* ob und wie die Macht der großen und die vermeintliche Ohnmacht der kleinen Anteilseigner ausbalanciert werden. Je nach Fertilität bzw. Reproduktionsrate einzelner Kleinfamilien oder ganzer Stämme innerhalb der dynastischen Unternehmerfamilie kann diese Dimension eine zentrale Fragestellung im Gesamtgefüge einnehmen.

Die Frage nach der beliebigen Teilbarkeit der Anteile stellt sich in allen Unternehmerfamilien, die egalitär vererben. In einigen Gesellschafterkreisen wird diesbezüglich nichts geregelt, so dass die Anteile von Generation zu Generation bei einer Reproduktionsrate größer als eins immer kleiner werden. In anderen Familien sind sogenannte Zwerganteilsklauseln gesellschaftsvertraglich definiert.[5] Damit soll über bestimmte Mindestanteilsquoten sichergestellt werden, dass der Gesellschafterkreis nicht zu groß wird. Oft wird dies verknüpft mit Pool-Lösungen, dass sich also mehrere Kleingesellschafter zusammenschließen müssen, um gemeinsam auf die Mindestanteilshöhe zu kommen. Allerdings schafft dieses Vorgehen Gesellschafter unterschiedlicher Klassen, was in allen von uns untersuchten Unternehmerfamilien tendenziell als problematisch bewertet wurde, weil an dem Ideal des familiären Gleichbehandlungsprinzips festgehalten werden soll.

[5] Hennerkes & Kirchdörfer (1998, S. 102 f.).

Aus unserer Sicht lässt sich keine klare Position hinsichtlich der Frage formulieren, wie die optimale oder maximale Größe einer dynastischen Unternehmerfamilie aussehen sollte.[6] Es wird jedoch deutlich, dass sich das Management und die Netzwerkarbeit an Größe und Struktur der jeweiligen dynastischen Unternehmerfamilie anzupassen haben. Neben der spezifischen Ausgestaltung der Family Governance ist sicherlich die Netzwerkarbeit daher eine Aufgabe zur Gestaltung der Kultur der wachsenden Familie (s. a. Kap. 9 ausführlich hierzu).

Ein zentraler Aspekt ist dabei die Frage nach der Transparenz oder Intransparenz der Anteilshöhen. Bei einigen der teilnehmenden Unternehmerfamilien gibt es diesbezüglich vollständige Transparenz, während in anderen dazu familienintern keine Details kommuniziert werden. Dort kennen nur einige wenige Gremienvertreter die Anteilshöhen und sichern Diskretion zu, die sich dann freilich auch auf die Dividendenhöhen und die konkreten Abrufpraktiken erstreckt. So hieß es von einem Mitglied unserer Untersuchungsgruppe: *„Dies sind bei uns sehr gut gehütete Geheimnisse."* Während eine Repräsentantin einer anderen Unternehmerfamilie, in der entsprechende Transparenz herrscht, überrascht äußerte: *„Ich dachte eigentlich, alle machen das, legen also die Anteilshöhen offen."*

Wenn wir die beiden gegensätzlichen Praktiken ergründen, dann scheint diesen ein ähnliches Bedürfnis zugrunde zu liegen, nämlich die Familie in ihrem Zusammenhalt nicht zu gefährden. Die einen gehen davon aus, dass dafür größtmögliche Offenheit erforderlich ist. Die anderen befürchten, dass gerade diese Offenheit zu Missgunst, Neid und dem Verlust von Augenhöhe in der Eigentümergemeinschaft führen könnte. Entscheidend für diese unterschiedlichen Strategien sind womöglich die bisher gemachten Erfahrungen. Jedenfalls scheinen sich beide Varianten in den jeweiligen familiären Kontexten bewährt, stabilisiert und tradiert zu haben.

Allerdings wirkt eine ungleiche Anteilsverteilung auch als Machtfaktor der „großen" bzw. als Ohnmachtsaspekt der „kleinen" Gesellschafter. Speziell wenn die Gremien über Wahlverfahren besetzt und die Stimmgewichte über die Anteilshöhen determiniert werden, geht damit ein Machtüberhang für diejenigen mit großen Anteilshöhen einher. Umgekehrt würden sich diese Anteilseigner nicht angemessen berücksichtigt sehen, wenn die Wahlen lediglich nach Köpfen, also ohne Berücksichtigung der Anteilsgrößen stattfinden würden. Hier kollidieren zwei unterschiedliche Logiken der Macht, zum einen eine *eigentumsrechtliche* (Wahlen nach Anteilshöhen) und zum anderen eine *familiäre* (Wahlen nach

[6] Uns sind Unternehmerfamilien mit über 1000 (de Wendel, Frankreich) bzw. über 2300 (Solvay, Belgien) Familiengesellschaftern bekannt.

Köpfen).[7] Beide haben in großen Unternehmerfamilien ihre Berechtigung. Verschiedentlich finden sich daher Wahlverfahren, die versuchen, beide Logiken in einen Einklang zu bringen (s. a. Kap. 4).

Eine Balance dieser beiden Wahl-Logiken gelingt in den von uns untersuchten Familien offenbar recht gut. Denn gerade die Gesellschafter mit großen Anteilshöhen zeigen sich stark daran interessiert, dass die „kleinen" Gesellschafter nicht an den Rand gedrängt werden. Der Erhalt der Familiengemeinschaft wird als oberstes Ziel benannt: *„Keiner soll verloren gehen, wir sind eine Familie"*, so das Zitat einer Teilnehmerin, ein „squeeze out" von Gesellschaftern mit geringen Anteilshöhen wurde von allen Projektteilnehmern mit Verweis auf die Familiarität der Eigentümergemeinschaft klar abgelehnt.

Dennoch bleibt die Angst, dass sich die Gesellschafter mit geringen Anteilen als „unwichtiger" empfinden und von „den Großen" nur unzureichend gesehen werden. Begründet wird diese Befürchtung u. a. damit, dass ein solches „Unwichtigkeitsgefühl" bei zentralen Entscheidungen entweder zu Widerständen aus Prinzip oder zu einer Haltung der Gleichgültigkeit führen könnte. So beschrieb ein Teilnehmer unseres Projektes dieses Spannungsfeld mit den folgenden Worten und damit aus unserer Sicht sehr treffend: *„Natürlich können wir es den ‚Kleinen' nicht jedes Mal recht machen und ihren Wünschen nicht immer folgen. Gleichzeitig wollen wir sie nicht verlieren. Wir gehen damit so um, dass wir alles tun, um ihnen das Gefühl zu geben, von uns ‚gehört' zu werden, auch wenn wir dann anders entscheiden. Dies hat zum Abbau von einer Menge Spannungen geführt."*

7.5 Zwischen individueller Eigenverwaltung und organisierter Unterstützung des Umgangs mit dem Vermögen

Hinsichtlich dieses Spannungsfeldes reicht die Palette von Leistungen des Managements im Sinne von Family-Office-Strukturen bis hin zur Unterstützung bei der Wahl individueller Anlagestrategien der Gesellschafter. Teilweise wird empfohlen, das Vermögen gänzlich im Familienunternehmen zu belassen, weil die möglichen Renditen derzeit weitaus höher sind als auf dem Anlagenmarkt.

Allerdings berge auch diese Bündelung des Sekundärvermögens der Gesellschafter Gefahren, z. B. bezüglich der gemeinsamen Anlagenstrategie oder hinsichtlich ethischer Investments, deren Zielrichtungen ganz unterschiedlich eingeschätzt werden könnten. Daher geht eine untersuchte Familie davon aus,

[7] Schreiber (2020).

dass sie sich nicht in die individuellen Vermögensstrategien ihrer Gesellschafter einmischen solle. Denn dies würde auch bedeuten, Verantwortung für etwas zu übernehmen, was jeder einzelne Gesellschafter für sich selbst zu realisieren habe, nämlich den Vermögensaufbau und das Tragen von entsprechenden Investitionsrisiken.

Alle Familien, die sich explizit mit Vermögensstrategien ihrer Gesellschafter beschäftigen, beobachten jedoch, dass Gespräche zum Vermögensaufbau, ob diese nun innerhalb von Family Offices oder ganz individuell orientiert stattfinden, das Tabuthema des Finanziellen kommunizierbar machten. Damit werden neben dem eigentlichen finanziellen Aspekt auch wichtige andere Fragen geklärt, die ansonsten oft nicht beantwortet oder verschoben werden, z. B. testamentarische Regelungen oder Verfügungen im Todesfall, Umgang mit Steuerrisiken bei Lebensmittelpunkten außerhalb Deutschlands bzw. der EU u. ä.

Eine weitere überraschende Beobachtung im Rahmen des Forschungsprojektes ist die Erkenntnis, dass dynastische Unternehmerfamilien verschiedentlich Bedeutungsrahmen („Frames") für die jährlichen Ausschüttungen etabliert haben. So gibt es immer wieder Fragen von Mitgliedern der Familiengemeinschaft, wie sie emotional mit dem Privileg umgehen können, Geld zu bekommen, für das sie nicht gearbeitet haben. Jenseits der juristischen Selbstverständlichkeit, dass Dividenden als rechtlich verbindliche Ansprüche bewertet werden können, werden daher in einigen Familien die Ausschüttungen als „Geschenke der Vorfahren" bzw. als „Treuhänderentlohnungen" gerahmt, die es in Ehren zu halten gilt. Diese Bewertung scheint für die Gestaltung nachhaltiger und transgenerationaler Netzwerkbeziehungen sehr vorteilhaft zu sein; sie schafft Verpflichtungen und Loyalitäten sowohl mit der Vergangenheit als auch der Zukunft der Familie. Denn das entsprechende Verständnis ist, dass das „Geschenk der Ausschüttungen" von den Ahnen, insbesondere den Gründern ausgeht und in der Gegenwart so zu pflegen ist, dass es erfolgreich an nachfolgende Generationen weitergetragen werden kann.

7.6 Typische Praktiken des Vermögensmanagements

Zum Abschluss dieses Kapitels sollen die Ergebnisse unserer Forschung zum Vermögensthema hinsichtlich von drei typischen Praktiken kondensiert werden: In allen von uns untersuchten Unternehmerfamilien zeigten sich Formen der Fürsorglichkeit hinsichtlich des Umgangs mit dem Vermögen. Obwohl es sich um soziale Netzwerke nur noch weitläufig miteinander verwandter Menschen handelt, ist die typische Logik familiärer Gemeinschaften, mithin von Unternehmerfamilien, erkennbar. Daher können die Strategien insgesamt als *fürsorglich organisiert* bewertet werden. Allerdings zeigt diese Fürsorglichkeit drei Ausprägungen, und zwar eine restriktive, moralische und liberale Form.

1. Eine *restriktive Fürsorglichkeit* hinsichtlich des Vermögens meint, dass sich die Familienorganisation um alle Fragestellungen des Vermögens der einzelnen Mitglieder kümmert und sehr klare Strukturen vorgibt. Dafür wird von den Gesellschaftern ein treuhänderisches, vom Vermögen unabhängig gestaltetes und loyales Verhalten der Unternehmerfamilie und dem Unternehmen gegenüber erwartet.
2. Mit *moralischer Fürsorglichkeit* ist gemeint, dass sich die Familienorganisation um Vermögensfragen kümmert und auch Strukturen zu deren Beantwortung anbietet. Allerdings bleibt der Umgang mit diesen Strukturen weitgehend den individuellen Entscheidungen der Gesellschafter überlassen. Zugleich werden jedoch stark moralische Erwartungen auf diese ausgerichtet, vor allem hinsichtlich einer eigenständigen bürgerlichen Lebensführung, einer Bescheidenheit hinsichtlich der Dividendenerwartungen und der Übernahme sozialer Verantwortung.
3. Eine *liberale Fürsorglichkeit* in Vermögensfragen meint, dass auch hier Unterstützungen für die Gesellschafter angeboten werden. Die Nutzung des Vermögens und der Umgang damit werden allerdings gänzlich den einzelnen Gesellschaftern überlassen.

Keine der von uns untersuchten Unternehmerfamilien entsprach genau einer der beschriebenen Formen. Allerdings zeigten sich deutliche Ausprägungen: Lediglich eine Familie wirkte im Umgang mit dem Vermögen eher restriktiv; jeweils drei Familien zeigten die moralische und die liberale Form der Fürsorglichkeit. Grundsätzlich scheint in allen Familien der Appell an moralische Werte zentral zu sein, bei gleichzeitig großer Eigenverantwortung der GesellschafterInnen im Umgang mit ihrem Vermögen.

7.7 Fazit

Die Handhabung des Umgangs mit dem Familienvermögen, den Ausschüttungen und Wertdifferenzen in dynastischen Unternehmerfamilien lässt sich schließlich folgendermaßen in vier Punkten zusammenfassen:

1. In dynastischen Unternehmerfamilien geht es darum, zwischen den Polen von Treuhänder- und Investorenmentalität die Treuhänderschaft zu stützen und berechtigte Eigentümerrechte mit generationenübergreifenden, familienorientierten Werthaltungen in Einklang zu bringen.
2. Es sind die individuellen Ansprüche auf Dividendenausschüttungen und die persönliche Lebensabsicherung durch das Familienunternehmen mit der familiären Erwartung nach eigener beruflicher Tätigkeit der Gesellschafterinnen und Gesellschafter zu balancieren.
3. Variieren die Anteilsgrößen zwischen einzelnen Gesellschaftern oder ganzen Stämmen erheblich, dann sind durch soziale Formen der Partizipation an den Entscheidungen bzw. allgemeiner: an der Family Governance derartige Differenzen auszugleichen. Hierzu werden Regeln für die Kommunikation über die unterschiedlichen Anteilshöhen entwickelt, der Umgang mit Kleinstanteilen geregelt und versucht, auch kleinen Gesellschaftern trotz geringen Mitbestimmungsrechten ein Gefühl von Einfluss und entsprechender Zugehörigkeit zu geben.
4. Schließlich zeigen sich differente Unterstützungsformen bei der Verwaltung des privaten Sekundärvermögens, die bei allen Projektpartnern als fürsorglich organisiert bewertet werden können.

Literatur

Hennerkes, B. H., & Kirchdörfer, R. (1998). *Unternehmenshandbuch Familiengesellschaften* (2. Aufl.). Carl Heymanns.

Kleve, H. (2020). *Die Unternehmerfamilie. Wie Wachstum, Sozialisation und Beratung gelingen.* Carl Auer Systeme.

Kleve, H., & Rüsen, T. A. (2020). Aufwachsen in Reichtum. Wie Vermögen und die Sozialisation und Erziehung in Unternehmerfamilien beeinflusst. In *Unternehmeredition,* Dez. 2019/Jan. 2020, 6–8.

Kleve, H., Rüsen, T. A., Schlippe, A. v., Simons, F., & Köllner, T. (2021). Vermögensmanagement 3.0. Dynastische Unternehmerfamilien zwischen kollektiver Treuhändermentalität und individuellem Anspruch. Erscheint in: *Zeitschrift Führung + Organisation,* Frühjahr/Sommer 2021 (in Vorbereitung).

Köllner, T., Simons, F., Kleve, H., Schlippe, A. v., & Rüsen, T. A. (2020). Vermögensmanagement in großen Unternehmerfamilien: Zwischen individuellem Anspruch und kollektiver Verantwortung. *Zeitschrift für KMU und Entrepreneurship, 68*(3/4), 191–217.

Kormann, H. (2018). *Zusammenhalt der Unternehmerfamilie. Verträge, Vermögensmanagement, Kommunikation* (2. Aufl.). Springer/Gabler.

Kormann, H., & Rüsen, T. A. (2020). Vermögensstrategie der Unternehmerfamilie. In T. A. Rüsen & A. Heider (Hrsg.), *Aktive Eigentümerschaft im Familienunternehmen – Elemente der Gesellschafterkompetenz in Unternehmerfamilien. Verstehen – Entwickeln – Anwenden* (S. 311–334). Schmidt.

Schlippe, A. v., Groth, T., & Rüsen, T. A. (2017). *Die beiden Seiten der Unternehmerfamilie. Familienstrategie über Generationen. Auf dem Weg zu einer Theorie der Unternehmerfamilie*. Vandenhoeck & Ruprecht.

Schreiber, C. (2020). Das Rechtskleid des Familienunternehmens – Grundlagen des Gesellschaftsrechts. In T. A. Rüsen & A. Heider (Hrsg.), *Aktive Eigentümerschaft im Familienunternehmen – Elemente der Gesellschafterkompetenz in Unternehmerfamilien. Verstehen – Entwickeln – Anwenden* (S. 263–276). Schmidt.

Schulze, M., & Kleve, H. (2020). Sozialisation und Erziehung in vermögenden Unternehmerfamilien. Acht Thesen zur Vermögenssozialisation. *FuS – Familienunternehmen und Strategie, 10*(1), 18–22.

Konfliktkonstellationen in dynastischen Unternehmerfamilien 8

Zusammenfassung

Konfliktkonstellationen in dynastischen Unternehmerfamilien unterscheiden sich deutlich von denen anderer Größenordnungen. In diesem Kapitel werden zunächst kurz die typischen Konfliktlagen der kleineren und mittleren Familien (als Unternehmerfamilien 1.0 und 2.0 bezeichnet) skizziert, anschließend werden verschiedene Felder veranschaulicht, in denen sich Konflikte dynastischer Familien zeigen können. Ein besonders hervorstechender Unterschied: Der Bezug auf Verwandtschaft zur Durchsetzung von Interessen im Gesellschafterkreis nimmt ab. Da die Erwartungen in großen Gesellschafterkreisen weniger auf Familienloyalität ausgerichtet sind, sind auch mögliche Enttäuschungen geringer. Daher sind Konflikte weniger emotional, sondern eher von Gruppeninteressen geprägt, sie sind eher „politisch" als „familiär".

8.1 Ausgangslage

In den letzten Jahrzehnten ist die Forschung zunehmend auf die spezifischen Bedingungen aufmerksam geworden, unter denen in Familienunternehmen Konflikte entstehen bzw. sich eskalativ verschärfen.[1] Durch die Komplexität der Verbindung der sozialen Systeme Familie, Unternehmen, Gesellschafterkreis (das sogenannte „Dreikreismodell") und die Interessenskonflikte, die sich an den Schnittstellen dieser Systeme ergeben können, steigt die Zahl der möglichen „Entzündungspunkte" für Konflikte. Da es zugleich oft um sehr existenzielle Themen geht (Anerkennung, Loyalität und Liebe, Geld, Lebensplanung und -führung),

[1] Dazu z. B. Grossmann & v. Schlippe (2015), Qiu & Freel (2019), v. Schlippe & Frank (2017), v. Schlippe & Kellermanns (2013).

T. A. Rüsen et al., *Management der dynastischen Unternehmerfamilie*,
https://doi.org/10.1007/978-3-662-63500-1_8

eskalieren die Konflikte oft schnell. Und auch wenn viele positive Beispiele zeigen, dass es in Unternehmerfamilien nicht zwangsläufig zu massiven Konflikten kommt, ist doch die Wahrscheinlichkeit für ihr Auftreten erhöht. Da für Familienmitglieder, anders als für Eigentümer anderer Unternehmen, die Möglichkeiten des Ausstiegs aus dem Kreis der Anteilseigner deutlich erschwert sind, passiert es immer wieder, dass die Konflikte zwischen den eng verbundenen Personen massiv eskalieren, bis hin zu regelrechten „Familienkriegen".[2]

Es liegt nahe, dass sich die Konfliktlagen in Unternehmerfamilien unterschiedlicher Größenordnung deutlich unterscheiden. Bei einem Handwerksbetrieb, in dem vier von fünf Familienmitgliedern gemeinsam tätig sind, wird man andere Themen und Konfliktdynamiken beobachten als in der Familie eines weltweit agierenden Familienkonzerns, der durch ein familienexternes Management geführt wird. Umso erstaunlicher ist es, dass bislang die Bedingungen, die mit der Größe der jeweiligen Unternehmerfamilie bzw. des Unternehmens zu tun haben, selten differenziert untersucht wurden. Es werden meist Konfliktlagen der eng aufeinander bezogenen Familien geringer oder mittlerer Größenordnung in den Blick genommen. Konflikte in großen Gesellschafterkreisen, mit denen dieses Buch befasst ist, wurden bislang unseres Wissens nicht explizit thematisiert. Auch in der einzigen Studie, die sich zu der Thematik finden ließ, wurden keine Familienauseinandersetzungen thematisiert, sondern Konflikte zwischen Familienmitgliedern im Top-Management-Team untersucht.[3]

Daher ist dieses Kapitel diesem „Neuland" gewidmet. Das Thema soll anhand der in Kap. 2 dieses Buches vorgestellten Unterscheidung zwischen den Unternehmerfamilien 1.0, 2.0 und 3.0 besprochen werden. Die Dynamiken in diesen Familien sind voneinander abgrenzbar, dies gilt auch im Konflikt. Ehe ausführlich auf die Ergebnisse des in diesem Buch vorgestellten Projekts zu großen Unternehmerfamilien eingegangen wird, soll daher ein kurzer Blick auf die unterschiedlichen Konfliktdynamiken der Familien 1.0 und 2.0 geworfen werden. Zum einen soll auf diese Weise der Kontrast der verschiedenen Größenordnungen deutlich werden, zum anderen finden sich diese Konflikte immer wieder auch in den Kleinfamilien dynastischer Unternehmerfamilien wieder, manchmal lässt sich in den Konflikten auch ein „Nachhall" der Konflikte aus vergangenen Zeiten erkennen.

---

[2] Gordon & Nicholson (2008).

[3] Efendy et al. (2013).

8.2 Konflikte in den Unternehmerfamilien 1.0 und 2.0

a) Unternehmerfamilie 1.0: die Gründer- bzw. Kleinfamilie

Das zentrale Thema, mit dem diese Familien umgehen müssen, ist die Differenz zwischen Familie und Unternehmen. Jede Familie, besonders der engste Familienkreis, ist in erster Linie ein Zugehörigkeitssystem. Die Mitglieder sind eng aufeinander bezogen, man kennt sich gut, ist zusammen aufgewachsen, die vertraute, familiäre Kommunikation dominiert und jeder Einzelne ist als „ganze Person" wichtig. Damit steht die in Familien vorherrschende Art der Kommunikation in starkem Kontrast zu der Unternehmenskommunikation. Denn im Unternehmen geht es um Entscheidungen, es interessiert nur das, was mittelbar oder unmittelbar auf eine Entscheidung abzielt, und nicht die ganze, sondern nur die Teilperson ist von Interesse, denn nur die für die Erledigung der unternehmensbezogenen Aufgaben wichtigen Fähigkeiten zählen für das Unternehmen.

Unternehmerfamilien können diese Spannungen als ausweglose *Paradoxien* erfahren,[4] wenn die familiäre Kommunikationslogik der *Bindung* und die unternehmerische Logik der *Entscheidung* kollidieren. Dies wird oft gerade in den kleineren Familien besonders stark erlebt: In irgendeiner Logik macht man etwas „falsch". Man kann sich das aus der Entwicklung der Gründerfamilie heraus erklären: Familiärer und Unternehmenskontext sind sehr eng miteinander verbunden, die Mitglieder bewegen sich oft täglich in beiden Systemen, nicht immer ist klar, welches System eigentlich gerade „dran" ist, welchen „Hut" man aufhat, sprich: welche Logik dominiert. Familiäre Kommunikation spielt in Unternehmensthemen hinein und umgekehrt. Die Erwartungen sind dabei aber trotzdem ganz persönlich, richten sich auf Bindung und Loyalität. Entsprechend wird heftig reagiert, wenn sie verletzt werden. Am brisantesten ist dies an den Gerechtigkeitserwartungen erkennbar: Familienlogik geht von der Gleichheit der Mitglieder aus (alle sollten idealerweise gleiche Anteile erben, jeder sollte die Chance haben, ins Unternehmen einzusteigen). Unternehmenslogik verlangt dagegen, dass zur Sicherstellung der Entscheidungsfähigkeit am besten einer die Zügel und wenn möglich alle Anteile in der Hand hat. Welche Lösung für Erbfragen auch immer gewählt wird, eine der Logiken wird verletzt, die getroffene Entscheidung wird von den einen als gerecht, von den anderen als ungerecht erlebt.

Auf diesen Paradoxien setzen vielfach typische Konflikte auf.[5] Empörung ist hier die Leitemotion, die eskalative Dynamiken befeuert. Die Ursachen werden personenbezogen verarbeitet, d. h. sie werden dem jeweils anderen zugerechnet, er

[4] Groth & v. Schlippe (2012).

[5] v. Schlippe (2014).

bzw. sie wird als schuldig am Konflikt erlebt („Wenn er sich anders verhalten hätte, dann…!"). Die hohe Affektivität in diesen Familien verschärft die Konflikte noch und erschwert Lösungen.

b) Unternehmerfamilie 2.0: die formal organisierte Unternehmerfamilie
Wenn Unternehmen und Unternehmerfamilie wachsen, wird auch die Zahl der Akteurinnen und Spielfelder größer, auf denen agiert wird. Die Komplexität steigt an, und die Unternehmerfamilie beginnt, sich gegenüber der Familie auszudifferenzieren. Entscheidungen können nicht mehr „per Zuruf" geregelt werden, man sieht sich nicht mehr selbstverständlich täglich, die ersten Mitglieder verlieren den engen, selbstverständlichen Bezug zum Unternehmen. Sie sind ihm noch als Anteilseigner verbunden, leben meist aber nicht mehr vor Ort am Stammsitz des Unternehmens und arbeiten oft in anderen Feldern. Damit wird es für die Familie unumgänglich, Strukturen zu entwickeln. Die Familie muss sich sozusagen „verdoppeln", also neben ihrer Existenz als „ganz normale Familie" auch explizit zur Unternehmerfamilie werden,[6] Regelsysteme entstehen, Gremien werden eingerichtet usw. Ein solcher Prozess ist für die wachsende Familie durchaus eine Herausforderung. Die Paradoxien der Familien 1.0 sind noch wirksam, auch die Erwartungen an die familiären Bindungen (und damit mögliche Enttäuschungen) sind noch stark. Zugleich verändern sich die Bindungsbeziehungen. Die „vertikale Loyalität", die dem Gründer galt, nimmt in der wachsenden Großfamilie ab, „horizontale Loyalitäten" (also die Verbundenheit mit der eigenen Kleinfamilie gegenüber dem „Clan") nehmen zu.

Die Konfliktdynamiken sind von daher in diesen Familien zum einen noch ähnlich wie die der Kleinfamilie. Die Affektivität kann ähnlich hoch sein, man ist etwa sehr wütend über oder enttäuscht von dem Verhalten eines nahestehenden Verwandten („Das hätte ich von dir nie erwartet…"). Zugleich kommt aber eine neue Qualität in die Konfliktlagen hinein: Das Vertrauen, das bei Vater oder Mutter noch selbstverständlich war, zeigt sich bei Onkel und Tante anders. Das Thema Macht wird prägnanter und damit auch häufiger zum Gegenstand offener Auseinandersetzung. Die Gefahr von Intergruppenkonflikten wächst. Man weiß noch, wer aus welcher Kleinfamilie kommt, es gibt viel „Klatsch", Gruppendynamiken spielen eine größere Rolle, Konflikte können über längere Zeiträume unterschwellig verlaufen, um dann manchmal bei einem Thema plötzlich aufzuflammen. Stammeslogiken sind noch vielfach wirksam, manchmal auch dann, wenn sie bereits offiziell abgeschafft wurden.

[6] v. Schlippe et al. (2017); auch Kap. 2.

Und schließlich divergieren die Einstellungen der einzelnen Mitglieder zu zentralen Fragen der Family Governance oft deutlich. Gerade in der Übergangszeit, in der Strukturen entwickelt werden, bewegen sich die Positionen zwischen grundsätzlicher Ablehnung („Brauchen wir nicht! Zeitverschwendung!“), dem engagierten Vorantreiben von Ideen und Strukturen und dem Streit um Einzelheiten der Governance-Regelungen auf Detailebene hin und her. Meist ist dies der Punkt, an dem es um die Erarbeitung einer Familienstrategie/Family Charta geht, um diese potenziell gefährlichen Affektlagen einzufangen.[7]

8.3 Konflikte in dynastischen Unternehmerfamilien 3.0

Die großen, dynastischen Familien mit meist entsprechend großen Unternehmen sind dagegen in der Regel ganz anders aufgestellt. Ohne funktionierende Family-Governance-Strukturen hätten solche Größenordnungen gar nicht erreicht werden können. Daher sind hier auch viele der Themen, mit denen sich die Unternehmerfamilien 1.0 und 2.0 befassen, bereits abgearbeitet: Eifersucht um die Nachfolge ist (meist) kein Thema, Ausschüttungen sind oft fest und vorhersehbar geregelt, keiner fragt sich mehr, ob Gremien nötig sind oder beschwert sich über Wahlmodi. Zum anderen sind die Beziehungen innerhalb der weitverzweigten Großfamilie nicht mehr so eng. Natürlich finden sich bei konkreten Fragestellungen auch immer wieder Paradoxien, entwickeln sich Empörungsgefühle über Ungerechtigkeiten. Und natürlich treten Konflikte in zahlreichen Kleinfamilien nach wie vor auf. Die Dynamiken von 1.0 und 2.0 sind nicht verschwunden, aber sie sind weniger hervorstechend. Dynastische Unternehmerfamilien 3.0 sind ja, so eine Kernthese unseres Projekts, von der Governance her als komplexe Netzwerke anzusehen, die an die Führung der Familie neue Anforderungen stellen (s. Kap. 2). Entsprechend ist zu erwarten, dass sich die Konflikte von denen anderer Familien deutlich unterscheiden.

Ein Unterschied, der unmittelbar ins Auge fällt, das wurde im Projektverlauf und in den Interviews mehrfach betont, dürfte darin liegen, dass Konflikte in dynastischen Unternehmerfamilien durch größere verwandtschaftliche Distanz weniger affektiv aufgeladen sind. In Situationen, in denen es um Verteilung von

[7] Zu den typischen Konfliktarten und -dynamiken dieser Unternehmerfamilien sowie hier wirksamen und spezifischen Ansätzen eines Konfliktmanagements: v. Schlippe & Rüsen (2020).

Mitteln oder um die Besetzung von Positionen geht (an diesen Themen entzünden sich die meisten Konflikte), wird argumentativ seltener auf „Verwandtschaft“ zurückgegriffen, um eine Position durchzusetzen. Die weiter entfernte Blutsverwandtschaft ist hier wesentlich: Die Empörung über einen gegen sich gerichteten „Schachzug“ durch den eigenen Vater dürfte groß sein. Doch wenn ein Onkel 3. Grades, bei dem man sowieso immer schon auf der Hut war, so etwas tut, ist man weniger aufgebracht. In diesem Familientypus sorgt die größere emotionale Entfernung dafür, dass die Erwartungen an familiäre Loyalität geringer sind und entsprechend auch die Enttäuschungen weniger massiv. Natürlich gibt es solche Phänomene vereinzelt weiterhin, doch generell sind diese Familien in der Regel bereits über Jahrzehnte hinweg professionalisiert; es ist klar, dass man kein Wirtschaftsgut und keine Position „aus Liebe“ oder Verpflichtungsgefühl zugedacht bekommt.

Dieser Wandel zeigt vermutlich am deutlichsten den Unterschied der Konfliktdynamik dynastischer Unternehmerfamilien im Vergleich zu den anderen auf. Man greift einfach seltener auf rein familiäre Argumentationen zurück, um eigene Interessen durchzusetzen. Entsprechend geringer ist auch das schlechte Gewissen, wenn es darum geht, dass jemand eine Position nicht bekommt, um die er sich bewirbt. Die Ablehnung ist zwar schmerzlich, aber so ist das eben in Aushandlungsprozessen, wie sie auch in der Politik vorkommen: Es geht um die „Balance of Power“. Interessen werden ggf. in kleineren Gruppen vorverhandelt und durchgesetzt, indem man sich auf Netzwerklogiken des „give and take“ stützt und nicht durch Rückgriff auf Beziehung und Loyalität. Meinungsbildung, sachliche Argumentation, Willensbildungsprozesse und demokratische Umsetzung usw. stehen im Vordergrund. Damit werden Konflikte zwar nicht vermieden, aber sie sind weniger „heiß“, das Risiko persönlicher Verletzungen und entsprechend emotionalisierter Eskalationen sinkt. Es kommt hinzu, dass die Einzelperson nicht mehr so im Zentrum der Aufmerksamkeit steht. In einer großen Familie ist die Wirkung der Worte und die Meinung einer einzelnen Person viel geringer – und sei sie noch so empört und aufgeregt. Zwar steigert sich genau dadurch auch die Gefahr des Zerfalls der Großfamiliengemeinschaft in Partikularinteressen und in Desinteresse. Doch im Falle von Konflikten liegt hier auch ein Vorteil, Eskalationen „verpuffen“ leichter.

Und doch gilt auch in diesen Familien, was eine der Projektteilnehmerinnen sagte: *„Familie lässt sich nicht abstreifen“*. Die Dynamiken der Unternehmerfamilien 1.0 und 2.0 verschwinden nicht einfach. Alte, unausgesprochene oder nicht zu Ende geführte Konflikte und Themen sind oft noch lange spürbar und zeigen sich an gelegentlich aufflackernden Eskalationen zwischen exponierten Personen.

8.4 Spezifische Konfliktanlässe in dynastischen Unternehmerfamilien

Im Rahmen des Projektes wurden wir auf sieben spezifische Konfliktanlässe (s. Abb. 8.1) aufmerksam, die in dynastischen Unternehmerfamilien zu Missstimmungen bzw. Auseinandersetzungen führen können. Diese werden im Folgenden detailliert beschrieben und Hintergründe hierzu erläutert.

a) Die wirtschaftliche Gesamtlage des Unternehmens
Im Krisenfall scheinen auch in den großen Gesellschafterkreisen heftige Auseinandersetzungen unvermeidlich zu sein, die jeweiligen Entscheider stehen entsprechend unter Druck. Dies ist zwar kein Thema, das spezifisch für die großen Unternehmen ist, allerdings gibt es hier einige Aspekte, die typisch sind:

Zum einen sind die Unternehmen dynastischer Familien langlebig, sie waren oft über Jahrzehnte erfolgreich. Auch Krisen wurden meist gut gemeistert. So hat sich

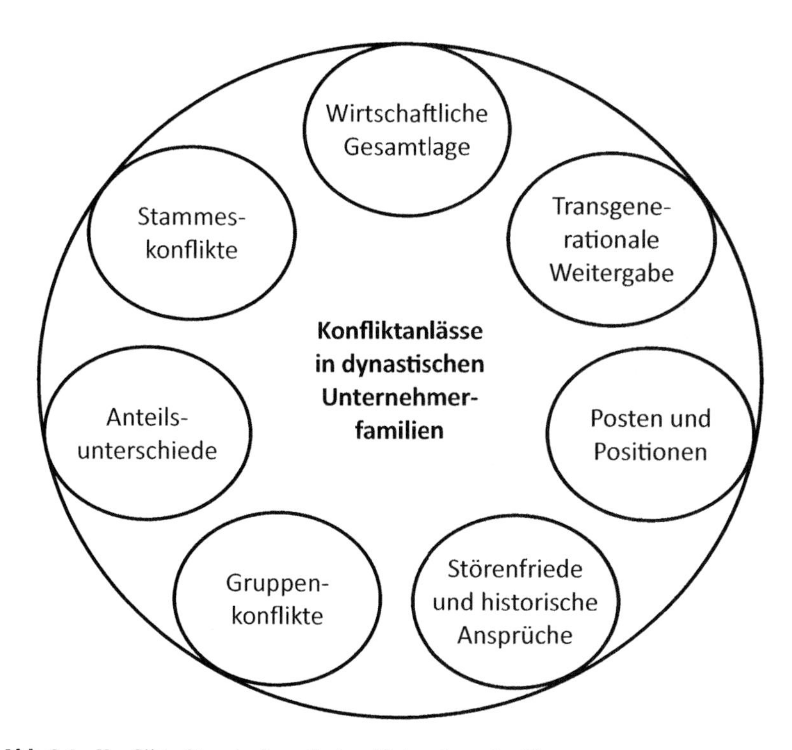

Abb. 8.1 Konfliktanlässe in dynastischen Unternehmerfamilien

im Laufe der Zeit eine Erwartungsstruktur ausgebildet, dass es immer so weitergehen werde. Im Laufe der Zeit verdichtet sich diese zu Selbstverständlichkeitserwartungen an die Höhe der Ausschüttungen, die sich zu Ansprüchen steigern können. Wenn Ansprüche versagt werden, reagieren Menschen in der Regel mit Empörung, und diese ebnet meist den Weg zum Konflikt. Zugleich zeigt sich hier eine besondere Verwundbarkeit der Familiengesellschafter. Denn, auch wenn es meist klare Empfehlungen gibt, dass der Lebensunterhalt nicht aus den Ausschüttungen allein bestritten werden solle, sieht doch das Lebenskonzept der Gesellschafter vielfach anders aus.

Zum zweiten greifen im Moment der Krise Dynamiken wieder, die schon überwunden zu sein schienen. Der Mechanismus der oben kurz erwähnten „personenbezogenen Zurechnung“[8] etwa drückt sich in der Schuldzuschreibung auf Einzelpersonen aus. Statt die Komplexität des Gesamtkontextes zu sehen, ist man dann auf diese Person „böse“ und macht sie für alles verantwortlich.

Daher kann in Krisensituationen plötzlich die Familiendynamik wieder eine größere Rolle spielen.[9] Eine Qualität der Kommunikation wird bedeutsam, die man auch als „enthemmt“ bezeichnet: In der Familie sind die Hemmschwellen für das, was man sich zu sagen erlaubt, niedriger. Es wird daher im Krisenfall auch in den großen Familien (in kleineren ohnehin) auf Formen des Umgangs zurückgegriffen (Attacken, persönliche Angriffe), die im öffentlichen Raum als unangemessen gelten würden.

b) Transgenerational weitergegebene Konflikte

In Familien werden Erfahrungen – gute wie schlechte – oft in Form von Geschichten weitergegeben. Im Fall von transgenerationalen Konflikten geben die Narrationen negative Geschehnisse über Generationen hinweg weiter. Personen, die diese Geschichten bereits in der Kindheit gehört haben, werden stark von der einen Perspektive eingenommen und neigen dazu, die Konflikte weiterzutragen, so dass es immer schwieriger wird, zu Lösungen zu kommen.[10]

Von unseren Projektpartnern wurden nur wenige negative Geschichten erzählt, ein Indiz, dass es in diesen Familien keine massiv drängenden Bedürfnisse nach Ausgleich solcher alten Verletzungen aus früheren Generationen gibt. Gelegentlich jedoch werden alte, transgenerational weitergegebene Konflikte in neuer Form

[8] Ausführlich in v. Schlippe (2014, S. 124 ff.).

[9] Zu den typischen Familiendynamiken in Krisensituationen von Familienunternehmen: Rüsen (2016).

[10] Ausführlicher zu diesen Mechanismen: v. Schlippe (2014, S. 148 f.).

wieder sichtbar. Die Akteure wählen allerdings dann meist nicht die ursprünglichen Konflikte („Ihr habt damals bei meinem Vater auch nie…"), sondern suchen Anlässe, an denen sich Gelegenheiten für Irritationen bieten. Sie verhalten sich damit durchaus eher in der Logik des Mediums der Politik, mikropolitische Spiele werden eingesetzt, um Abläufe zu stören. Dann bildet sich zu einem spezifischen Thema eine Gruppe, die eine Stimmung von Unzufriedenheit, ggf. verbunden mit konkreten Forderungen, in die Gesellschafterversammlung trägt. Die Familienführung kann sich dann aus scheinbar heiterem Himmel massiven Angriffen gegenübersehen.

In einem Unternehmen wurde ein Familienmitglied, das eine solche alte Konfliktgeschichte mit sich trägt, als *„brodelnder Vulkan"* beschrieben. Um diese Person herum hatte sich eine Gruppe unzufriedener Gesellschafter gebildet, bei einer Abstimmung über ein bedeutsames familienstrategisches Thema kam es zu immerhin fast 20 % Gegenstimmen. Für die Familienführung dieser Unternehmerfamilie, die gewohnt war, dass die meisten Entscheidungen einstimmig verabschiedet wurden, war dies durchaus ein Novum. Die Kampfabstimmung wurde von den Verantwortlichen auch durchaus krisenhaft erlebt. Doch nach durchstandener Krise zeigte sich auch der dadurch erfolgte Reifungsschritt: Das Thema hatte noch einmal eine „Bühne", konnte sich aber im Eigentümer- und Familienkreis nicht im Medium der Emotionalität durchsetzen. Dadurch, dass die Abstimmung nicht einstimmig war, lernte die Familie zudem, Entscheidungen über politische Fragen auch mit relativen Mehrheiten zu fällen, ohne durch hoch kochende Emotionen handlungsunfähig zu werden.

Ganz generell zeigten die Interviews im Rahmen des Projekts die Bedeutung problematischer Geschichten, vor allem, wenn es sich um alte Kränkungen handelt. Es empfiehlt sich für das Familienmanagement, die potenzielle Langzeitwirkung derartiger Geschichten, die im Gesellschafterkreis kursieren, im Blick zu behalten, auch wenn die Eskalationsgefahr geringer ist als in kleineren Familien.

c) Posten und Positionen

Natürlich gehören Konflikte dazu, wenn es um Macht geht. Und auch wenn, um es noch einmal zu sagen, die 3.0-Dynamik eine andere ist als in kleineren Familien, können politische Kämpfe durchaus eine Gemeinschaft belasten. Vor allem für die Situationen, in denen es um die Verteilung von Positionen geht, sehen daher der Gesellschaftervertrag und eine funktionierende Family Governance Strukturen der Machtbalance vor wie Gremien, Nachfolgeregeln und Wahlprozeduren, die in Zweifelsfällen auch juristisch abgesichert sind.

Auch hier unterscheiden sich die großen Familien von den anderen, in denen noch oft nach Familienlogik entschieden wird, wer in welche Position kommt. Mehrfach wurde im Rahmen des Projekts und in den Interviews erwähnt, dass es in den dynastischen Familien ganz selbstverständlich ist, dass mehrere Personen Interesse an einer Position anmelden, auch wenn klar ist, dass nicht jeder gewählt werden kann. Allerdings bleibt auch in diesen Familien ein möglicher Gesichtsverlust durch eine verlorene Wahl eine heikle Angelegenheit. In Politik und Wirtschaft verlässt ein Verlierer ja meist das Unternehmen oder die politische Bühne. In Unternehmerfamilien bleibt er oder sie Mitglied. Daher geht man mit diesen Themen auch wieder eher familiär um: Es wird sorgfältig darauf geachtet, Reputationsverlust bei einer Nichtwahl oder (schlimmer noch) Abwahl zu vermeiden. Dies geschieht beispielsweise durch Block- oder Listenwahlen, bei denen jeweils eine ganze Gruppe gewählt wird oder dadurch, dass die Stimmverhältnisse nicht veröffentlicht werden. Oft werden „Begleitgespräche“ geführt, in deren Rahmen nicht aussichtsreichen Kandidaten nahegelegt wird, eine Kandidatur oder Wiederwahl aus eigenen Stücken erst gar nicht zu versuchen. Hierdurch soll verhindert werden, dass bekannt wird, welche Person wie viel/wenig Rückhalt in der Familie hat und so ein Gesichtsverlust eintritt (s. Abschn. 6.5).

d) Einzelne mögliche „Störenfriede“ und Ansprüche aus alten Zeiten

Gelegentlich wurde im Projekt von Einzelpersonen berichtet, denen Störpotential zugeschrieben wurde. Oft sind dies Gesellschafter ohne großen Einfluss: *„90 % des Lärms wird von weniger als 10 % der Gesellschafter mit weniger als 1 % der Anteile verursacht!“* Diese werden dann auch vom Familienmanagement durchaus genauer auf weiche Indikatoren für Konflikte hin beobachtet: Man weiß aus Erfahrung um diese Personen, schaut auf Versammlungen, wer da mit wem zusammensitzt und spricht die Akteurinnen gelegentlich informell an. In Fällen, wo es zwei Verantwortungsträger gibt, versucht derjenige, der „den besseren Draht“ hat, im Vorwege deeskalierend zu wirken.

Nicht immer geht es dabei um alte Konflikte. Manchmal profilieren sich junge Gesellschafter mit bestimmten Themen (etwa „politische Korrektheit“, „Klima“, „Digitalisierungsstrategie“, „Rolle im Dritten Reich“). Auch hier ist das Familienmanagement herausgefordert, respektvoll mit Einzelnen umzugehen und Wertedifferenzen immer auch als Thema der Familie aufzugreifen. Nur indirekt damit verbunden wurde von Nachklängen an „gute alte Zeiten“ berichtet, die auch nur noch selten für größeres Konfliktpotential sorgen. So möchten immer mal wieder Gesellschafter Leistungen des Unternehmens in Anspruch nehmen, die früher selbstverständlich waren (Fahrdienste, mal eben zum privaten Reifenwechsel in die Firma fahren, unangekündigte und unabgestimmte persönliche Besuche in Auslandsniederlassungen, unabgestimmte Aktivitäten wie etwa öffentliche Auftritte einzelner Familienmitglieder im Namen des Unternehmens, Nutzung der Betriebstankstelle, Einsatz des Hausmeisterdienstes für die Privatwohnung etc.). Heute werden diese eingedämmt. Doch immerhin wird bei einer der Projektpartnerinnen das Familienmanagement bis in die Gegenwart hinein ein- bis zweimal im Monat mit derartigen Themen konfrontiert.

e) Gruppenkonflikte

Wie weiter oben beschrieben, können Gruppenkonflikte entstehen, wenn sich um ein nur teilweise gelöstes bzw. zumindest für einzelne Betroffene ungelöstes Thema aus der Geschichte der dynastischen Unternehmerfamilie herum eine Gruppe unzufriedener Gesellschafter bildet. Diese könnte dann ein Konfliktthema aufgreifen und in die Großgruppe bringen. Größere Intergruppenkonflikte sind in den von uns untersuchten Unternehmen daraus nicht entstanden. Vermutlich wäre, falls es regelrechte Spaltungstendenzen in der Eigentümergemeinschaft gegeben hätte, diese auch irgendwann daran zerbrochen – wir haben auch in unserer Studie mit dem klassischen „survivor bias" zu tun: Die Unternehmen, die aufgrund solcher Konflikte untergegangen sind, sind für Forschung i. d. R. nicht mehr erreichbar.

Aber es müssen nicht zwangsläufig alte Geschichten sein, die den Konflikten zugrunde liegen, oft sind es auch Auseinandersetzungen um Werte, die sich in den Kleinfamilien unterschiedlich entwickelt haben. So gab es im Gefolge der 1968er-Jahre in einigen Familien heftig geführte Auseinandersetzungen um Wertekonflikte. Sie bewegten sich um Fragen herum, in welchem Ausmaß man sich als Familie an „Ausbeutung" beteiligen und daran bereichern dürfe. Heute geht es eher um Fragen des Nutzens der Produkte für die Gesellschaft, um den Einsatz potenziell klimaschädlicher Stoffe und Produktionsweisen oder inwieweit sich das Unternehmen als Zulieferer an potentiell umweltschädigenden Aktivitäten beteiligen dürfe. In Einzelfällen hatten unterschiedliche Auffassungen zur (Neu-) Ausrichtung des Unternehmens bzw. zu Strategiewechseln dazu geführt, dass einzelne Kernfamilien bzw. Familienzweige, die sich besonders mit dem hierdurch betroffenen Unternehmensteil identifiziert hatten, aus dem Eigentümerkreis durch Anteilsverkauf ausgetreten sind.

Für das Familienmanagement sahen es die von uns untersuchten Familien als wichtig an, die verschiedenen Initiativen nicht abzuwürgen, sondern im Dialog zu bleiben und zuzuhören *(„Ich muss den Gesellschaftern das Bewusstsein vermitteln, dass ich ihre Meinung wertschätze!")*.

f) Unterschiede in der Anteilshöhe

Während bei einigen dynastischen Unternehmerfamilien die Anteile nach wie vor recht gleichförmig verteilt sind, ist dies bei anderen anders. Es liegt in der Natur der Dinge, dass die Differenzen der Anteilshöhe mit jedem Erbgang größer werden – in der einen Teilfamilie gibt es viele Kinder, in der anderen vielleicht nur eines oder zwei. Je nachdem, wie hoch die Differenzen sind und wie intensiv sich die Mitglieder der Eigentümergemeinschaft über die Thematik austauschen, wird das potenzielle Risiko von Gruppenkonflikten eingeschätzt. Konfliktpotenziale entstehen, wenn die „Kleinen“ gegen die „Großen“ gehen, oder wenn Blockbildungen entstehen. So kann eine Kultur des Misstrauens entstehen, wenn die „Großen“ argwöhnisch beobachtet werden und ihnen unterstellt wird, dass sie „eh alles unter sich abmachen“. Hier ist viel Fingerspitzengefühl im Familienmanagement gefragt, weder sollten Vertreter großer Anteile ihre Macht ausspielen, noch die der kleinen Anteile in Resignation verfallen. Vertrauensbildung ist eine wichtige Aufgabe – so berichtete eine Familienmanagerin im Interview, sie sei *„trotz ihrer Anteilshöhe Vorsitzende geworden, nicht deswegen“*.

Ein weiterer Punkt: Es ist entscheidend, wie in solchen Konstellationen das Verhältnis der großen Anteilseigner zueinander aussieht. Wenn diese beginnen sollten, gegeneinander zu arbeiten, wäre das besonderer „Sprengstoff“. An einen solchen Konflikt könnten sich andere Familienmitglieder anhängen und versuchen, die Waage zu ihren Gunsten zu beeinflussen. Das würde enorme Spannungen in die Großgruppe tragen: *„Wenn sich die ‚Big Five‘ verkrachen, stünde das Unternehmen in Gefahr“*. Zusätzlich wird seitens der Familienführung darauf geachtet, dass sich neben der Berücksichtigung der Anteilshöhen auch die Meinungsvielfalt der Familienmitglieder in den Gremien widerspiegelt.

In einer Familie mit sehr großen Unterschieden wurde betont, dass die Anteilseigner mit sehr kleinen Mikroanteilen (im Promillebereich) praktisch meist nicht mehr erreichbar sind, das Familienmanagement aber dennoch kontinuierlich dafür sorgen müsse, dass Personen mit großen und mit mittleren Anteilshöhen konstruktiv in Verbindung bleiben.

g) Stammeskonflikte

Stammeskonflikte traten in den dynastischen Unternehmerfamilien in unserer Studie praktisch nicht auf. Meistens waren die Stämme aufgelöst und da, wo es Stämme noch explizit gibt, ist das Verhältnis durch aufwendige Family-Governance-Strukturen gut geregelt. Doch trotzdem wurde zumindest in einzelnen Unternehmen von einer besonderen Sensibilität für Stammeszugehörigkeit berichtet. Man „weiß Bescheid, wer wohin gehört“, etwa wenn es um Gremienbesetzung geht. Zumindest in einem der Unternehmen kam es zu einer heftigen Auseinandersetzung, als ein Stamm in einer offensichtlichen mikropolitischen Aktion gezielt versuchte, die Macht in den Gremien zu übernehmen. Hier zeigt sich eine familienstrategische Langzeitaufgabe: Auch, wenn Stämme aufgelöst sind, kann sich „Stammesdenke“

lange halten. Es ist hier wichtig, konstant daran zu arbeiten, dass die Identifikation mit dem großen Ganzen der Identifikation mit der jeweiligen Teilfamilie zumindest gleichwertig ist.[11]

In einer Firma, die die Stammesstruktur vor langer Zeit aufgegeben hat, leben interessanterweise die Vertreterinnen der ehemaligen Stämme in drei Ländern. Hier wird zwar nie von dem oder dem Stamm gesprochen, aber die Unterschiede zwischen „den Amerikanern", „den Deutschen" und „den Franzosen" sind immer wieder ein Thema. Die Gruppen unterscheiden sich in ihren Präferenzen sehr, doch sind all diese Themen weit entfernt davon, sich zu massiven Konflikten auszuwachsen.

8.5 Spezifische Risiken und Frühwarnsysteme

a) Die persönliche Beziehung der Führungspersonen, „indirekte Family Governance"

Die etablierte Governance sieht häufig zwei Familienmitglieder an der Spitze der Familie vor, z. B. eines im Familienvorstand, eines im Gesellschafterausschuss oder im Aufsichtsrat. Die gesamte Governance-Struktur hängt von der Qualität der Beziehung zwischen diesen beiden Personen ab. Wenn sie nicht kooperieren oder in einen Machtkampf geraten würden (bei keinem der Forschungspartner unserer Untersuchungsgruppe war dies bisher der Fall), könnte sich diese Struktur als sehr anfällig herausstellen: Im Kontext politischer Logik ist die Struktur zugleich auf der Kontinuität einer guten, persönlichen Beziehung aufgebaut.

In ähnlicher Weise wird der persönlichen Beziehung zwischen dem Familienvertreter (seien es einer oder zwei) und dem CEO des Unternehmens entscheidende Bedeutung beigemessen. Es wurde hier durchaus von Schwierigkeiten berichtet, auch wenn diese sich nicht zu großen Konflikten auswuchsen; anders als bei Familienmitgliedern besteht hier ja auch eher die Möglichkeit, den Konflikt durch eine Trennung zu lösen. Hier wird eine besondere Aufgabe in der Personalauswahl gesehen: *„Es ist die Frage, ob ein familienexterner CEO etwas von Familien versteht: Ein CEO, der sagen würde: ‚Bleibt mir mit der Familie vom Hals!', wird in einem Familienunternehmen nicht erfolgreich sein."* In einem Interview wurde explizit gesagt, dass es bei jedem Jour fixe zwischen Familienführung und dem Vorstand

[11] Die gleichwertige Identifikation sowohl mit der Gesamtfamilie als auch dem Stamm ist nach Ammer (2017) die Grundvoraussetzung für das langfristig konstruktive Überleben von Stammesstrukturen.

ein bis zwei Familienthemen gibt, die eine Resonanz auf Firmenseite erfordern (nicht nur konflikthafte, sondern auch Alltagsthemen wie die Durchführung einer Veranstaltung, Übertragung von Anteilen usw.). Der CEO muss wissen, dass es hier um ganz anders strukturierte Aufgaben geht. Er ist auf diese Weise sozusagen zwangsläufig in eine „indirekte Family Governance" mit eingebunden.

b) Paradoxe Effekte der Gesellschafterkompetenz

Seit einigen Jahren ist die Sensibilität für die Kompetenzentwicklung der Gesellschafter in vielen Unternehmen deutlich gewachsen.[12] Mittlerweile haben mehrere Generationen von jungen Gesellschaftern entsprechende Programme und Ausbildungen durchlaufen. Hier zeigt sich nun ein neues potenzielles Problem: In früheren Zeiten hatten die Beiratsmitglieder ihre Sitze 20 bis 25 Jahre lang inne. Es wurde bisher sogar begrüßt, wenn sie nicht zu viel Sachverstand mitbrachten *(„Unser damaliger Familien-CEO meinte immer, eine ‚gewitzte Hausfrau' sei am besten")*. Trotzdem ist hier natürlich über die Jahre einiges an Erfahrung und Kompetenz gewachsen. Diese Generation von Beiräten wurde in den letzten Jahren Schritt für Schritt von jüngeren, oft sehr gut ausgebildeten Familienmitgliedern abgelöst. Jetzt aber steht bereits eine neue Generation bereit, auch sie ist hervorragend ausgebildet und nun ihrerseits hoch interessiert daran, im Rahmen der Familienführung mitzuarbeiten und sich in Gremien zu engagieren. Die derzeit aktive, mittlere Generation hat aber gerade etwa 5 bis 10 Jahre Gremientätigkeit durchlebt, fühlt sich noch fit und gerade richtig für diese Tätigkeit. Sie geht daher überhaupt noch nicht davon aus, den Platz für die Jüngeren freizumachen. Hier könnten sich in naher Zukunft neue Felder für generationsübergreifende Konflikte ergeben.

c) Langfristthemen, die man im Blick behalten sollte

Hier wurden im Wesentlichen zwei Themen genannt:

- Jede Form von Nepotismus, also Versuche von etablierten Gremienvertretern, eigene Nachkommen in Positionen hineinzuziehen oder gar ein „machiavellistisches Machtstreben" einzelner würde die Großfamilie schnell in eine Zerreißprobe führen. Dabei stellen sich hohe Anforderungen an die Integrität der Familienmanagerin. In einem Fall wurde berichtet, dass diese sogar externe Interviewanfragen ablehnt, um die Position als „primus inter pares" nicht zu gefährden.

[12] Rüsen & Heider (2020).

- Und dann ist das Thema „Vermögen" kontinuierlich im Blick zu halten. Bei großen Unternehmen braucht es ziemlich lange, bis eine Schieflage eintritt (dafür ist die dann auch besonders dramatisch). Die „Verwöhnung" der Gesellschafter durch regelmäßige Ausschüttungen wird als Risikofaktor gesehen, dem durch unterschiedliche Strategien begegnet wird (etwa durch strukturierten Aufbau von Sekundärvermögen oder Garantie einer geringen, dafür aber kontinuierlichen Ausschüttung, die auch im Krisenfall gewährleistet sein kann). Eine zentrale Sorge wird in dem Zusammenhang immer wieder genannt: Die geringere Kohäsion in den dynastischen Unternehmerfamilien befördert eine Investorenmentalität, wenn dieser nicht durch identitätsfördernde Maßnahmen und entsprechende Vermögensstrategien begegnet wird (Details s. Kap. 7).

8.6 Eskalationsstufen

In der Konflikttheorie werden verschiedene Grade der Konflikteskalation unterschieden.[13] Sie lassen sich grob unterscheiden in drei Stufen:

I. Sich verhärtende sachliche Debatten, hier steigt die emotionale Erregung langsam an.
II. Umschlag von der Sachebene auf die persönliche Ebene („Bist du so blöd, dass du das nicht kapierst?"). Hier bekommt der Konflikt eine neue Qualität, weil nicht mehr (nur) um die Sache, sondern auch um das Selbstwertgefühl, um die Gesichtswahrung gekämpft wird.
III. Die letzten Eskalationsstufen entfernen sich immer mehr von der eigentlichen Auseinandersetzung. Es geht zunehmend darum, den anderen persönlich zu schädigen oder gar darum, ihn zu vernichten.

In allen befragten Unternehmen wurde von historisch zum Teil massiven Konflikten und Machtkämpfen berichtet. Mehrfach ging es um Auseinandersetzungen um die Ablösung jahrzehntelang tätiger Patriarchen, in einem Fall verlor die Familie mit einer strategischen Neuausrichtung des Unternehmens einen ganzen Stamm. Von massiveren Eskalationen (Stufe II oder III) wurde allerdings nur aus Zeiten berichtet, als die jeweilige Familie noch mit anderen Governance-Strukturen unterwegs war. In einigen Fällen sind jedoch die Nachwirkungen der persönlichen

[13] Zu heißen und kalten Konflikten: Glasl (2014).

Beschädigungen jener Zeiten gelegentlich noch spürbar (vgl. die oben berichteten Beispiele).

Auch heute gibt es punktuell Eskalationen im Rahmen der I. und beginnenden II. Stufe, oft zwischen Kleinfamilien (Abbruch persönlicher Beziehungen, Drohung mit rechtlichen Schritten, Rückzug aus der aktiven Eigentümerschaft). Hier wurde es von den meisten unserer Projektpartner als eine zentrale Aufgabe für das Familienmanagement gesehen, frühzeitig zu merken, was *„im Busch"* ist, und der Eskalation vorzubeugen (Gespräche, Lösungen).

8.7 Was tun? Konfliktprävention und Konfliktmanagement

Da also hoch emotionale, heiße Konfliktlagen wenn, dann nur in einzelnen Kleinfamilien oder zwischen Einzelpersonen vorkommen, sind differenziert ausgearbeitete Instrumentarien mit einer schrittweisen Abfolge von Maßnahmen zur Beilegung von Streitigkeiten selten. Ein Beispiel für eine sehr weitgehende ausgearbeitete Konfliktstrategie findet sich im nachfolgenden Kasten. Durchgängig aber sind die Verantwortlichen sich der Notwendigkeit bewusst, die entsprechenden Risikopotenziale aufmerksam zu beobachten und abzuschätzen: *„Zentrales Instrument der Family Governance ist Kommunikation"*, eine Aussage, die von vielen Projektpartnern geteilt wird. Sie gilt im Grunde für alle Größenordnungen – und entsprechend auch für die dynastische Unternehmerfamilie.

Lösung von Konflikten innerhalb einer am Projekt beteiligten Familie
Präambel
Die Nachfahren des Gründers … haben sich folgende Werte und Leitlinien gegeben:

Grundwerte

- Wir beachten und verfolgen hohe, langfristig orientierte, soziale, ethische und ökologische Standards.
- Wir handeln im Einklang mit Toleranz und Respekt für die Würde des Einzelnen.
- Wir folgen dem Grundsatz „Firmeninteressen kommen vor Familieninteressen".
- Wir streben Kontinuität bei gleichzeitiger Anpassungsfähigkeit und Bereitschaft zum Wandel an.

- Wir sind uns bewusst, dass Wohlstand mit gesellschaftlicher Verantwortung einhergeht.
- Wir verpflichten uns zum Erhalt und zur Weitergabe unseres Erbes an unsere Nachkommen.
- Wir bemühen uns um Bescheidenheit im Auftreten.

In Anerkennung dieser familiären Werte und Leitlinien sowie

- im Bewusstsein der Gefahren, die für das Unternehmen für den familiären Zusammenhalt, und für das persönliche Wohlergehen ihrer einzelnen Mitglieder durch Streit und Konflikte entstehen können,
- in Wahrnehmung ihrer ethischen Verpflichtung für die Mitarbeiter des Unternehmens und ihrer gesellschaftlichen Rolle als Unternehmerfamilie,
- im Wissen um die zunehmende Anzahl und die geographische Verteilung ihrer Mitglieder,
- in Erfüllung ihres überragenden Wunsches, ihren über Jahrzehnte gewachsenen Zusammenhalt zu wahren,
- und im Wissen um die Notwendigkeit einer vorausschauenden Vorsorge

bekennen sich die Mitglieder der Familie ... bzw. deren Ehepartner bzw. die diesen gleichgestellten Lebensgefährten sowohl in ihrer Gesamtheit als auch in Gestalt ihrer einzelnen Mitglieder zu einer sachlichen, friedensstiftenden und ausgleichenden Lösung eventuell entstehender familieninterner Konflikte mit aller Kraft beizutragen und sich dabei an die folgenden Grundsätze und Leitlinien zu halten:

Konfliktgegenstand
Eventuelle familieninterne Konflikte beziehen sich vorrangig auf nicht justiziable Fragen wie persönliche Meinungsverschiedenheiten, persönliche Verletzungen oder sonstige zwischenmenschliche Situationen. Für vorrangig justiziable Fragen bleibt der ordentliche Rechtsweg unbenommen.

Konfliktlösung unmittelbar zwischen den Parteien
Die Familienmitglieder unterstreichen ihre Bereitschaft, auch als persönlich betroffene Parteien eventueller interner Meinungsverschiedenheiten und Konflikte mit gutem Willen, Kompromissbereitschaft, Offenheit, Umsicht

und im Sinne einer konstruktiven Kommunikation bei deren Lösung mitzuwirken. Prioritär kann die Konfliktlösung unmittelbar auf Veranlassung und zwischen den betroffenen Parteien stattfinden. Einvernehmlich können auch externe Experten oder Unparteiische (vorbehaltlich der Wahrung der Vertraulichkeit) hinzugezogen werden.

Konfliktlösung unter Einschalten des Family Council als Schlichtungsstelle

1. Jede Partei kann sich einzeln oder gemeinsam mit der anderen Partei an das Family Council zur Hilfe bei der Konfliktlösung wenden. Das Family Council kann das Schlichtungsverfahren aber auch selbst einleiten, wenn es zu der Überzeugung gelangt, dass der Konflikt den Familienzusammenhang gefährdet.
2. Das Family Council beruft aus dem Kreis der Familie einen Pool freiwilliger Konfliktschlichter, die im Einzelfall alleine oder gemeinsam mit Externen tätig werden. Alle volljährigen Familienmitglieder sind für den Schlichterpool benennbar.

Schlichtungsverfahren

1. Oberstes Ziel des Verfahrens ist die Wahrung bzw. die Wiederherstellung des Familienfriedens, nicht die Durchsetzung privater oder persönlicher Belange der Parteien.
2. Eine Lösung des Streits soll zusammen mit den Parteien, nicht gegen sie stattfinden. Angestrebt wird die Vermittlung und eine beidseitig akzeptable Regelung in Form einer umsetzbaren Verhaltensrichtlinie bzw. Einzelmaßnahme.
3. Die einzelnen Verfahrensschritte und den Verfahrensablauf bestimmen die Parteien und das Family Council bzw. die Konfliktschlichter gemeinschaftlich.
4. Wichtigstes Werkzeug der Lösungsfindung ist das ausgleichende Gespräch.
5. Falls sich auch nach längerer Bemühung keine Lösung abzeichnet, soll das Family Council über gegebenenfalls weitere Maßnahmen zur Konfliktlösung befinden.

Vertraulichkeit
Für die Konfliktlösung, sei es unmittelbar zwischen den Konfliktparteien oder auch bei Einschalten des Family Councils bzw. eines Schlichters, gilt das Prinzip der absoluten Vertraulichkeit, d. h. Details dürfen weder gegenüber nicht in die Konfliktlösung einbezogenen Family Council-/Familienmitgliedern noch sonstigen Nichtbeteiligten kommuniziert werden.

Das Konfliktmanagement im engeren Sinn erfolgt vielfach „auf dem kleinen Dienstweg", je nach Situation durch persönliche Bemühungen und Einzelgespräche mit den Betroffenen, gelegentlich auch in strukturierter Form. Ähnlich wie bei Konflikten in kleineren Familiengrößenordnungen geht es auch hier in erster Linie um „Consciousness raising".[14] In der Gesamtfamilie soll das Bewusstsein aufrechterhalten werden, dass die besondere Verbindung zwischen Familie und Unternehmen eine Herausforderung für jeden Einzelnen ist, sowohl sich persönlich zu engagieren, als auch mit der eigenen Emotionalität so umzugehen, dass Familienzusammenhalt und Familienfrieden nicht gefährdet werden. Die Familienräte stehen dabei als Ansprechpartner jederzeit bereit. Vertraulichkeit ist selbstverständlich, Konflikte sollen möglichst „leise" bearbeitet werden. Es empfiehlt sich, die Verpflichtung in eine Familiencharta mit aufzunehmen, dass man sich im Konfliktfall frühzeitig an die Familienräte oder an eine andere, explizit als solche benannte Vertrauensperson mit der Bitte um Unterstützung wendet. Vielfach sind Grundkenntnisse der Konfliktentwicklung und ihrer Mediation mittlerweile auch Teil der Curricula der Gesellschafterkompetenz geworden, so dass künftig immer mehr erwartet werden kann, dass hier sowohl auf Seiten der Gesellschafterinnen als auch der Gremienmitglieder entsprechende Kompetenzen ausgebildet wurden. In einem Fall hat die Familie bereits einen Pool freiwilliger Konfliktschlichter eingerichtet, die im Einzelfall allein oder gemeinsam mit Externen tätig werden.

Als wesentlicher Punkt wird auch der Umgang mit modernen Kommunikationsmedien genannt. Konflikte können hier sehr schnell an Dynamik zunehmen, weil leicht ein größerer Kreis von Ansprechpartnern (per cc und bcc) erreicht wird und die Geschwindigkeit von Aktion und Reaktion gegenüber anderen Medien

[14] v. Schlippe & Kellermanns (2013), v. Schlippe & Rüsen (2020).

stark ansteigt.[15] Hier gilt das Prinzip: *„Auf eine ‚Motz-Mail' wird nicht mit einer Mail, sondern mit Anruf oder Angebot eines persönlichen Treffens reagiert"*.

Das Familienmanagement nimmt darüber hinaus auch meist sehr intensiv die Aufgabe wahr, über ein „Frühwarnsystem" proaktiv Konfliktpotentiale abzuschätzen. Das geht auf sehr verschiedenen Wegen. Vielfach wird die Regionalisierung mit der Möglichkeit, sich im kleineren Kreis zu treffen (oder gar erst kennenzulernen), als eine Chance gesehen. So können potenzielle Konflikte benannt werden, man ist frühzeitig mit den Betroffenen in Kontakt, beispielsweise durch Regionaltreffen oder Kaminabende. Auch Plattformen werden erwähnt, auf denen Fragen außerhalb der Gesellschafterversammlung besprochen werden, um Unzufriedenheit und Kritik bereits im Vorfeld aufzufangen. In einigen Familiengremien gehen explizit für Prävention sensibilisierte Mitglieder aktiv auf die Suche nach möglichen Konfliktpunkten. Durch all diese Maßnahmen soll die Wahrscheinlichkeit verringert werden, dass sich Empfindungen von Ärger und Groll ansammeln, mit denen man dann urplötzlich konfrontiert ist.

Natürlich gilt auch in dynastischen Unternehmerfamilien das, was auch in allen anderen zwischenmenschlichen Zusammenhängen gilt: Es lassen sich nicht alle Möglichkeiten vorwegnehmen, nicht alle Konfliktlagen entschärfen und nicht jede destruktive Eskalation verhindern. Wenn sich derartige, nur noch schwer zu steuernde Situationen am Horizont abzeichnen, ist zu empfehlen, rechtzeitig für externe Unterstützung der Konfliktmoderation zu sorgen oder nach Wegen der Entflechtung durch Mediation zu suchen. In vielen Familienverfassungen sind für den Fall Klauseln vorgesehen, die die Erwartung beinhalten, dass eine familieninterne Vertrauensperson angesprochen wird, ehe externe Personen, wie etwa Anwälte, hinzugezogen werden.[16] Vor juristischen Eskalationen bzw. dem Anrufen eines Schiedsgerichtes werden in diesen Regelsystemen meist mehrere Schritte zur einvernehmlichen Beilegung vorgesehen (siehe Tab. 8.1).

8.8 Fazit

In jedem Fall ist es eine der Kernaufgaben des Familienmanagements, neben dem Familienzusammenhalt auch den Familienfrieden zu erhalten und alles zu

[15] Then-Bergh & v. Schlippe (2020).

[16] In einem Fall beruft das Familiengremium aus dem Familienkreis einen Pool freiwilliger Konfliktschlichter, die sich entsprechend weiterbilden und im Einzelfall angefragt werden können.

Tab. 8.1 Vorgehen zum Umgang mit Konflikten; entnommen und leicht modifiziert aus v. Schlippe & Rüsen (2020, S. 34)

Schritt	Beteiligte Akteure	Inhalt / Aktivitäten
1	Ansprechpartner im Familiengremium als Konfliktlöser	**Lösungsversuch I:** Ausgewählte Mitglieder des Familiengremiums fungieren als Ansprechpartner und versuchen, durch familieninterne Gespräche eine Bearbeitung des Konfliktes zu erreichen. Gelingt eine Lösung des Konflikts nicht, wird der Konflikt an einen familienexternen Konfliktmoderator übergeben
2	Familienexterner Konfliktmoderator	**Lösungsversuch II:** Der familienexterne Konfliktmoderator unternimmt eine Konfliktbearbeitung. Gelingt eine Lösung des Konflikts nicht, wird der Konflikt an einen Mediator übergeben
3	Familienexterner Mediator	**Lösungsversuch III:** Der hinzugezogene Mediator wird mit der Durchführung eines Mediationsverfahrens beauftragt. Gelingt eine Mediation nicht, wird ein Lösungsversuch mit familienexternen Vertretern des Aufsichtsgremiums vorgenommen
4	Einbezug familienexternes Mitglied des Aufsichtsgremiums	**Lösungsversuch IV:** Ausgewählte familienexterne Mitglieder des Aufsichtsgremiums bemühen sich um die Ausarbeitung eines Lösungsvorschlages. Wird dieser Vorschlag nicht angenommen, wird die Angelegenheit einem im Vorfeld festgelegten Schiedsgericht zur Entscheidung übertragen
5	„Dritte Partei"/Schiedsgericht	**Lösung durch ein Schiedsgericht:** Das definierte Schiedsgericht trifft eine Entscheidung, die für alle Gesellschafter/Familienmitglieder per Gesellschaftervertrag (Schiedsgerichtsklausel) bindend ist. Der Gerichtsweg ist somit ausgeschlossen

versuchen, um bei Konflikten den emotionalen und materiellen Schaden für die Konfliktparteien selbst und für die Familie als Ganzes möglichst zu minimieren.

Literatur

Ammer, J. (2017). *Die Organisation der Unternehmerfamilie in Stämmen.* Vandenhoeck & Ruprecht.

Efendy, K. I., Zolin, R., & Chang, A. (2013). Escalation of conflict in large private family businesses. *Annual Meeting of the Academy of Management* (73rd). Retrieved from https://eprints.qut.edu.au/59600/18/59600A.pdf.

Glasl, F. (2014). Eskalationsdynamik – Zur Logik von Affektsteigerungen. *Konfliktdynamik, 3*(3), 190–199.

Gordon, G., & Nicholson, N. (2008). *Family wars: Classic conflicts in family business and how to deal with them.* Kogan.

Grossmann, S., & Schlippe, A. v. (2015). Family businesses: Fertile environments for conflict. *Journal of Family Business Management, 5*(2), 294–314.

Groth, T., & Schlippe, A. v. (2012). Die Form der Unternehmerfamilie. Paradoxiebewältigung zwischen Entscheidung und Bindung. *Familiendynamik, 37*(4), 268–280.

Qiu, H., & Freel, M. (2019). Managing family-related conflicts in family businesses: A review and research agenda. *Family Business Review, 33*(1), 90–113.

Rüsen, T. A. (2016). *Krisen und Krisenmanagement in Familienunternehmen: Schwachstellen erkennen, Lösungen erarbeiten, Existenzbedrohung meistern* (2. Aufl.). Springer.

Rüsen, T. A., & Heider, A. (Hrsg.). (2020). *Aktive Eigentümerschaft in Familienunternehmen – Gesellschafterkompetenz in Unternehmerfamilien entwickeln und anwenden.* Schmidt.

Schlippe, A. v. (2014). *Das kommt in den besten Familien vor. Systemische Konfliktberatung in Familien und Familienunternehmen.* Concadora.

Schlippe, A. v. & Frank, H. (2017). Conflict in family business in the light of systems theory. In F. W. Kellermanns & F. Hoy (Hrsg.), *The Routledge companion to family business* (S. 367–384). Routledge.

Schlippe, A. v., Groth, T., & Rüsen, T. A. (2017). *Die beiden Seiten der Unternehmerfamilie. Familienstrategie über Generationen. Auf dem Weg zu einer Theorie der Unternehmerfamilie.* Vandenhoeck & Ruprecht.

Schlippe, A. v., & Kellermanns, F. W. (2013). Mit Konflikten in der Unternehmerfamilie bewusst umgehen. In A. Koeberle-Schmid & B. Grottel (Hrsg.), *Führung von Familienunternehmen* (S. 189–200). Schmidt.

Schlippe, A. v., & Rüsen, T. A. (2020). *Konflikte und Konfliktdynamiken in Unternehmerfamilien. Empfehlungen zum Umgang mit familieninternen Auseinandersetzungen.* Praxisleitfaden des Wittener Instituts für Familienunternehmen (WIFU). WIFU.

Then-Bergh, C., & Schlippe, A. v. (2020). Neue Medien und die Eskalation von Konflikten. *Konfliktdynamik, 9*(4), 277–285.

Familienstrategien und Management der dynastischen Unternehmerfamilie

9

Zusammenfassung

Viele Inhalte einer Familienstrategie, mit denen Unternehmerfamilien kleinerer und mittlerer Größenordnung befasst sind, sind von dynastischen Unternehmerfamilien meist bereits vor längerer Zeit erarbeitet worden. Diese stehen damit vor ganz anderen Aufgaben und Herausforderungen. Auf der Basis etablierter Strukturen gilt es, den zentrifugalen Dynamiken entgegenzusteuern, sodass Identifikation, Bindung und Motivation innerhalb des großen Familiennetzwerks immer wieder neu entstehen können. Zugleich bewegt sich die Kommunikation in diesen großen Familien eher in einer „politischen" Netzwerklogik und weniger in einer sich auf Bindung berufenden Familienlogik. Ein erfolgreiches Familienmanagement trägt diesem Unterschied Rechnung und ist dementsprechend eher in der Logik einer Family-Investor-Relations-Einheit organisiert. Doch der professionelle Umgang mit unterschiedlichen Interessengruppen erfordert auch, die unterschiedlichen Wünsche der verschiedenen Familienmitglieder nach Partizipation, Kommunikation und Entwicklungsmöglichkeiten auszutarieren und in strukturierte Prozesse zu überführen. Die Strukturlogik der dynastischen Unternehmerfamilie bedingt dabei einen spezifischen Typus des Familienmanagements: Es scheint eher der Typ eines „Kanzlers" (natürlich auch einer Kanzlerin) gefordert, nicht so sehr der eines „Patriarchen" oder „Chefs".

9.1 Ausgangslage

Eine wesentliche Erkenntnis unserer Forschung zu langfristig erfolgreichen Familienunternehmen und den dahinterstehenden Unternehmerfamilien ist, dass dieser Erfolg mit einem jeweils immer wieder neu zu führenden familienstrategischen

T. A. Rüsen et al., *Management der dynastischen Unternehmerfamilie*,
https://doi.org/10.1007/978-3-662-63500-1_9

Diskurs einhergeht.[1] Regelungen zentraler Kernfragen, grundlegender Werthaltungen, die die Familie verbinden, sowie familieninterne Verhaltenserwartungen werden gemeinsam erörtert, neu verhandelt und (idealerweise) für alle Familienmitglieder emotional verbindlich niedergeschrieben. Die in entsprechenden Familiendokumenten als Familienverfassung, -charta oder -kodex dokumentierten Inhalte dienen dabei den Mitgliedern der Eigentümergemeinschaft als eine Art Leitfaden. Sie werden für die strukturierte Beantwortung klassischer Kernfragen zur eigenen Sicherung als Gesellschafterfamilie bzw. für den Fortbestand des Unternehmens in gemeinsamer Familienhand genutzt. Ihre Legitimation gewinnen sie daraus, dass sie den gemeinsamen Willen der Familie widerspiegeln und gerade nicht daraus, dass es sich um juristisch verbindliche Festschreibungen handelt.[2]

Die Frage nach der bewussten und strategischen Auseinandersetzung mit Fragen der Zukunftsgestaltung stellt sich für die Unternehmerfamilie meist spätestens dann, wenn absehbar ist, dass Unternehmen und Familie eine Größenordnung erreicht haben, in der die bedeutsamen Fragestellungen nicht mehr „per Zuruf" oder in spontan einberufenen Treffen zu klären sind. Im Kern beziehen sich die zu klärenden Fragen und die gefundenen Antworten auf diese, wie sich die Eigentümergemeinschaft als solche selbst versteht, wie die Rollen und Funktionen der einzelnen Mitglieder aussehen, und welche Haltung gegenüber den gemeinsamen Vermögensteilen eingenommen wird. Die Haltung der Mitglieder zum Unternehmen, ihr Selbstverständnis und ihre Einstellung zu den Traditionen als Unternehmerfamilie werden Gegenstand einer familienstrategischen Selbstreflexion. Regelmäßige Überarbeitungen und Anpassungen sollten vorgenommen werden, sie finden spätestens bei einem Generationenwechsel nahezu automatisch statt. Denn jede neue Generation nimmt ihre Perspektive als Grundlage für den Umgang mit, für die Auslegung von und (wenn notwendig) für die Anpassung der Familienwerte und -regeln. So entsteht in jeder Generation eine neue, für diese Generation passende Variante zum Umgang und Erhalt des transgenerationalen Erbes.

In einem früheren Projekt des WIFU wurden die Familienmanagement-Regelwerke einer Reihe der großen und langlebigen deutschen Familienunternehmen ausführlich untersucht.[3] Das wesentliche Ergebnis war die Erkenntnis,

[1] v. Schlippe et al. (2017).

[2] Inwieweit eine Familienverfassung unter besonderen Bedingungen rechtliche Relevanz haben könnte, untersucht eingehend Hueck (2017).

[3] v. Schlippe et al. (2017, S. 229 ff.). Das Forschungsdesign der damaligen Studie war ähnlich wie jenes, welches der Studie des vorliegenden Buches zugrunde liegt.

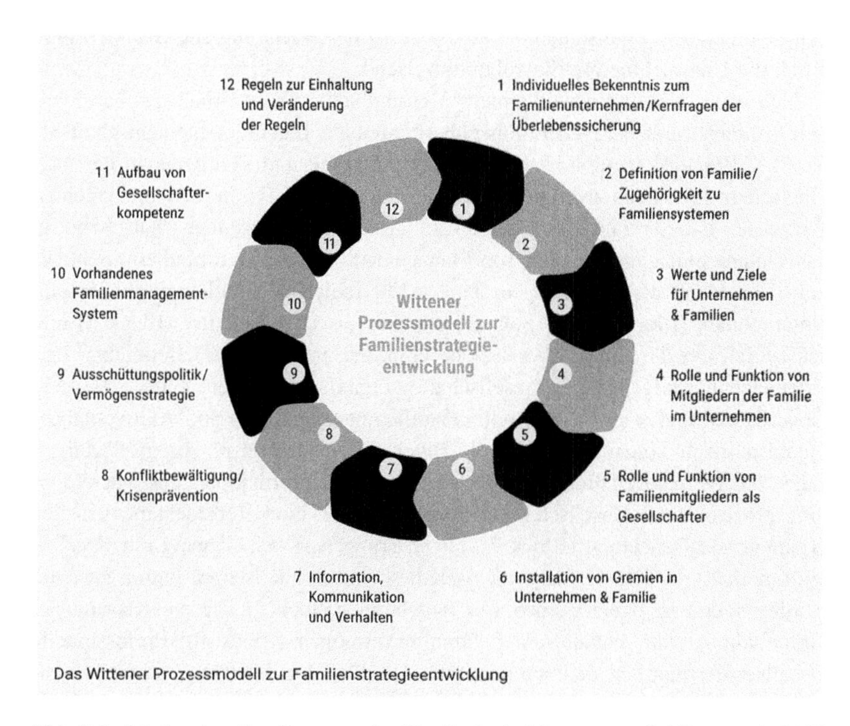

Abb. 9.1 Inhalte einer Familienstrategie. (Quelle: in Anlehnung an v. Schlippe et al., 2017, S. 235)

dass zwar jede Familie ihre individuell passenden Lösungen gefunden hatte, dass sich jedoch eine Vielzahl von Fragestellungen für alle gleichermaßen stellten (s. Abb. 9.1).[4] Eine integrierende Zusammenfassung der familienstrategischen Fragestellungen führte uns zu 12 Themenkomplexen, die alle jeweils von den beteiligten Unternehmerfamilien bearbeitet worden waren. Unter einer Überschrift konnten wir jeweils eine Reihe zentraler Fragen zu dem entsprechenden Themenkomplex zusammenfassen. Die Antworten auf diese Fragen fielen, wie gesagt, in

[4] Der Governance-Kodex für Familienunternehmen (May 2015), der von einer Expertenkommission ausgearbeitet wurde und seit 2004 regelmäßig aktualisiert wird, geht von einer ähnlichen Prämisse aus: Die Fragen stellen sich in vergleichbarer Weise für alle Unternehmerfamilien, doch die spezifischen Antworten darauf muss jede Familie für sich finden.

den Familien sehr unterschiedlich aus, doch ist deren Klärung und Beantwortung durch die Unternehmerfamilie zukunftsweisend.

Neben der Klärung der allgemeinen Grundhaltung zum Erhalt des Familienunternehmens und der generationenübergreifenden Eigentümergemeinschaft als Familie (Block 1) werden Fragen der Zugehörigkeit und Bedingungen der Mitgliedschaft im Familienverbund behandelt (Block 2). Es werden die gelebten Werte der Familie und Erwartungen an die Eigentümergemeinschaft bzw. an das Unternehmen und dessen Top-Management (Block 3) formuliert. Schließlich geht es um die Haltung zum Thema Mitarbeit von Familienmitgliedern im Unternehmen (Block 4), das Selbstverständnis als Gesellschafter (Block 5) und schließlich um die Frage, über welche Gremien und Verfahren Beratungs- und Überwachungsaufgaben der Gesellschafter organisiert werden sollen (Business Governance) und wie ein konkretes Familienmanagement (Family Governance) organisatorisch konzipiert sein soll (Block 6). Insbesondere bei großzahligen Eigentümergemeinschaften ist die Organisation von Informations- und Rückkopplungsprozessen der Gesellschaftergemeinschaft und ihrer Repräsentanten in den Gremien von Bedeutung (Block 7). Die Klärung, wie der Umgang mit Konflikten innerhalb der Eigentümergemeinschaft sowie eine Krisenprävention gestaltet werden sollte, ist dabei ebenso von Bedeutung (Block 8) wie die Klärung der Grundhaltung zum gemeinsamen Familienvermögen (Block 9). Professionelle Gesellschafterfamilien definieren zudem Abläufe, Regelsysteme und innerfamiliäre Verantwortlichkeiten beispielsweise zu Vertrauenspersonen, die Ansprech- oder Kümmererfunktionen übernehmen, entscheiden über den Einsatz unterstützender Strukturen wie etwa eines Familienbüros, die Ausgestaltung eines Familienintranets etc. (Block 10) und diskutieren, wie der systematische Aufbau von Gesellschafterkompetenz aussehen soll (Block 11). Schlussendlich umfasst eine Familienstrategie zudem die Auseinandersetzung mit Brüchen bzw. Zuwiderhandlungen gegen die familieneigenen Regelwerke sowie die Frage, wann jeweils eine systematische Überprüfung und Anpassung des Familienmanagementsystems erfolgen solle (Block 12).

Die genannten Fragestellungen ergeben sich für jede Unternehmerfamilie ab einer bestimmten Größenordnung, meist im Übergang von der zweiten auf die dritte oder der dritten auf die vierte Generation (also spätestens, wenn die Gründer- bzw. Kleinfamilie 1.0 sich auf den Weg macht, formal organisierte Familie 2.0 zu werden).

9.2 Spezifische Inhalte des Familienmanagements in dynastischen Unternehmerfamilien

Im Folgenden betrachten wir zentrale Fragestellungen und Inhalte eines Familienmanagements, die sich als Inhalte des Aktivitätenportfolios jenseits der Sicherstellung einer Kontrollfunktion des Top-Managements bzw. der strategischen Unternehmensentwicklung zusammenfassen lassen. Die sieben im folgenden erläuterten Anforderungen und Inhalte dieses Arbeitsbereiches sind in Abb. 9.2 zusammenfassend dargestellt:

a) Familienmanagement als Netzwerkmanagement konzipieren

Bei der Betrachtung dynastischer Unternehmerfamilien sind im Hinblick auf die Ausgestaltungsformen des Familienmanagement-Systems einige Spezifika zu beachten. Im Allgemeinen haben diese Familien ihre „Hausaufgaben" in Bezug auf die eingangs formulierten Fragestellungen gemacht. Mehr oder weniger strukturiert liegen – basierend auf Erfahrungen mehrerer vorangegangener Generationen – Regelwerke vor. Vielfach existieren ausgearbeitete Familienverfassungen, in jedem Fall sind bereits Gremien und Familienmanagementstrukturen eingerichtet

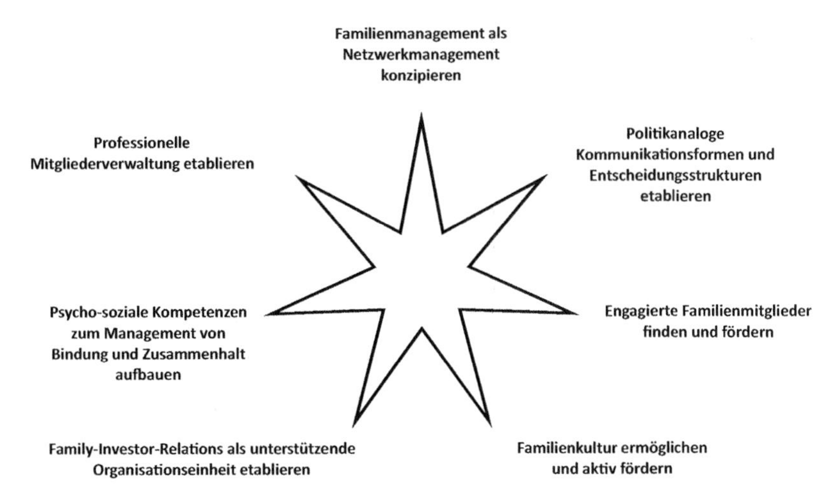

Abb. 9.2 Familienstrategische Fragestellungen und spezifische Inhalte des Familienmanagements in dynastischen Unternehmerfamilien

worden. Ein grundlegender Aufbau von Familienmanagement „from the scratch" ist daher nicht mehr erforderlich. Und doch ist die Aufgabe der bewussten Auseinandersetzung mit Fragen der Zukunftsgestaltung damit nicht vom Tisch.

Bei Unternehmerfamilien dieser Größenordnung liegen, wie oben bereits ausgeführt, die zentralen familienstrategischen Fragestellungen nicht mehr so sehr im Aufbau formaler Strukturen, sondern in der Organisation von Bindung, Zusammenhalt und Kompetenzerhalt. Denn, und das ist eine der zentralen Erkenntnisse unseres Projektes, die Familien sind zwar noch formal durch das Kriterium der Verwandtschaft aneinander gebunden, doch dieses Kriterium wird anders ausgefüllt, nicht über persönliche Nähe und liebevolle Verbundenheit, sondern als Funktion, durch die ein großes, komplexes, nicht selten globales Netzwerk gebildet wird. Kontinuierlich muss daher den Zentrifugalkräften entgegengewirkt werden, denen eine wachsende Familie „natürlicherweise" unterliegt: Wenn nicht aktiv Gelegenheiten organisiert werden, kann ein Familienmitglied unmöglich die vielen anderen Mitglieder kennen, mit denen es nur sehr weitläufig verwandt ist – wenn es nicht die Klammer der gemeinsamen Eigentümerschaft gäbe, würde man sich aus den Augen verlieren (s. hierzu Kap. 4 und 5). Familienmanagement in der dynastischen Unternehmerfamilie muss folglich mehr und mehr Elemente eines Netzwerkmanagements beinhalten.

Hierbei scheint es wichtig zu sein, Formen der Anerkennung und Wertschätzung jenseits einer materiellen Entlohnung für engagierte Familienmitglieder zu schaffen. Die Ausführungen der Projektteilnehmenden weisen darauf hin, dass es das Familiennetzwerk stärkt, wenn besonders engagierte Familienmitglieder, die in welcher Weise auch immer die Kommunikation in der Unternehmerfamilie fördern und soziale Beziehungen anregen und pflegen, hinsichtlich ihres Einsatzes und ihrer Leistungen explizit soziale Anerkennung erfahren. Eine Kultur der Wertschätzung nutzt familiäre Ausgleichslogiken, um Netzwerkbeziehungen in der Großfamilie zu fördern und sichert so den ständigen Fluss von Geben und Nehmen. Indem eine Anerkennung für das ausgesprochen wird, was Einzelpersonen in die Netzwerkgemeinschaft der Unternehmerfamilie in welcher Form auch immer einbringen, erfolgt ein Ausgleich über Wertschätzung. Die sichtbare Anerkennung für den geleisteten Einsatz, etwa im Rahmen eines Familientreffens, stärkt wiederum die Loyalität der wertgeschätzten Personen der Gemeinschaft gegenüber und mag für diese, aber auch andere Personen Ansporn sein, sich erneut bzw. ebenfalls vermehrt zu engagieren.

b) Politikanaloge Kommunikationsformen und Entscheidungsstrukturen etablieren

Kommunikation folgt, wie in Kap. 5 dargelegt, in großen Familiengemeinschaften einer anderen Logik als in kleineren, man könnte sagen, sie bewegt sich in einem anderen Medium. Konsequenterweise stellt sich so für die für das Familienmanagement verantwortlichen Personen immer wieder neu die Frage, in welcher Form eine Gemeinschaft, die durch eine gemeinsame generationenübergreifende Verpflichtung miteinander verbunden ist, als solche aufrechterhalten werden kann. Denn die Kommunikation bewegt sich, systemtheoretisch gesprochen, nicht mehr primär im Kommunikationsmedium der Liebe und Bezogenheit, sondern eher in einem Medium, das der Politik zugerechnet werden kann.[5] Bei Verhandlungen bezieht man sich nicht mehr schwerpunktmäßig auf familiäre Beziehungen, um die Chancen zu erhöhen, etwas durchzusetzen („Wie kannst du als meine Kusine mir das antun?"), sondern eher auf eine Netzwerk- und Durchsetzungslogik, ein „Give-and-Take", wie es in der Politik typisch ist („Ich verbünde mich mit dir, um das und das zu erreichen!"; „Ich stimme dir hier zu, wenn ich dafür von dir ein Zugeständnis an anderer Stelle bekomme!"). Positive „Familiness", die Ressource der Familienhaftigkeit, das wurde in diesem Buch bereits mehrfach betont, entsteht in den großen Unternehmerfamilien nicht mehr von selbst, sie muss immer wieder aktiv hergestellt werden.[6] Das ist die zentrale familienstrategische Aufgabe für Unternehmerfamilien dieser Größenordnung.

c) Engagierte Familienmitglieder finden und fördern

Eine weitere typische Herausforderung ergibt sich für die Familienstrategie bei der Frage danach, wie neue Funktionsträger herangezogen werden, wie im Kreis der weit verstreut lebenden Personen Potenzialträger identifiziert, interessiert und so auf die mögliche Übernahme von Aufgaben vorbereitet werden, dass sie sich mit Aussicht auf Erfolg zur Wahl stellen können. Die Befragungen der am Projekt teilnehmenden Familien zeigten hier ein interessantes Muster: die Repräsentanten und Repräsentantinnen der dynastischen Unternehmerfamilien rekrutieren sich nämlich vielfach aus den Kernfamilien bisheriger Verantwortungsträger. In den engagierten Kleinfamilien scheint am ehesten das Interesse und die Bereitschaft vorhanden zu sein, sich für die Eigentümergemeinschaft und das Unternehmen zu engagieren. Das Muster des Engagements folgt hier ganz offensichtlich familialen Strukturen: Man engagiert sich, weil Mutter oder Vater dies vorleben und die Kinder so in die Strukturen hineinwachsen. Die Rekrutierung bewegt sich damit wieder eher im Kommunikationsmedium und Aktionsradius der Kernfamilie. Die Akteure haben sich dann jedoch in Netzwerklogiken zu bewähren – eine interessante und nicht einfache Spannung: Während in der Politik gewählte Volksvertreterinnen ihre Legitimation aus der freien und geheimen Wahl ziehen, wird selbst bei erfolgter

[5] Luhmann (1984), vgl. auch Kap. 8.

[6] Weismeier-Sammer et al. (2013).

Wahl im Familienkreis die Vermutung mitgeführt werden, dass die jeweilige Funktionsträgerin vielleicht ja doch der eigenen Familie stärker verpflichtet ist als dem Gemeinwohl. Das wird sich nie ganz auflösen lassen und ist zugleich wohl auch ein Faktor, der die Entfremdung peripherer Teilfamilien vom Unternehmen und seinen Belangen verstärken könnte.

Eng damit verbunden ist ein weiterer Aspekt, der auch schon bei Unternehmerfamilien mittlerer Größe zu beobachten ist: die rückläufige Motivation der Mitglieder, sich bezüglich des Unternehmens und der Familie zu engagieren. Diese lässt sich zumindest in manchen Familien als Resultat jahrzehntelanger – und in ihrer Zeit durchaus erfolgreicher – patriarchaler Entscheidungs- und Organisationsstrukturen in den Vorgängergenerationen beschreiben. Die großen Erfolge der handelnden Akteure haben eine Schattenseite: Die Gesellschafter, zumindest die, die nicht in Gremien aktiv waren, sind in einer „Lernfalle" gefangen[7] – sie haben sich entweder damit eingerichtet, dass die Arbeit von anderen getan wird, oder sie erleben sich in ihrem Engagement mangels vorhandener Partizipationsmöglichkeiten entmutigt. In jedem Fall führte die eher personenorientierte Form des Fällens von Entscheidungen dazu, dass nicht gelernt wurde, die mit einer Entscheidung verbundene Unsicherheit gemeinsam über Kommunikation abzubauen, es gab ja die eine Person (ggf. auch ein mit ihr eng verbundenes kleines Führungsteam), die für alle bestimmte. Auch dies ist ein Faktor, der dazu führen kann, dass das Interesse am Unternehmen abnimmt und die Aufmerksamkeit sich zunehmend auf den Wert der Anteilshöhe und die hierauf zu erhaltenden Ausschüttungen richtet.

So ist es eine wichtige Aufgabe für das Familienmanagement, über den Kreis der ohnehin engagierten Kleinfamilien hinaus den Blick für Potentialträger aus dem gesamten Familienkreis offenzuhalten und Familienmitgliedern, die bereit sind, sich für das Unternehmen und den Zusammenhalt der Familiengemeinschaft einzubringen, Raum für ihr Engagement zu eröffnen. Es braucht Sensibilität für die Einschätzung der Potenziale, gerade über den Kreis der „üblichen Verdächtigen" hinaus – eine Art „Talentmanagement" für Potenzialträger.

d) Familienkultur ermöglichen und aktiv fördern

Ein Management der dynastischen Unternehmerfamilie bedeutet mithin deutlich mehr, als einen guten Service zu bieten oder umfangreiche „Einbahnstraßen-Kommunikation" von Erwartungen, Informationen und Botschaften an die Familienmitglieder zu richten. Vielmehr braucht es persönliche (oft heißt das auch:

[7] v. Schlippe et al. (2017, S. 190 f.) beschreiben verschiedene solcher Lernfallen, die sich in unterschiedlichen Konstellationen ergeben können.

dezentrale) Räume (Stichwort: Familientreffen, regional organisierte Gesellschaftergespräche, s. a. Kap. 4 und 5) und parallel dazu Strukturen digitaler Kommunikation und Formate des digitalen Austauschs (u. a. Family Calls, Familienintranet). Hierzu bedarf es einer kontinuierlichen Einbindung interessierter Familienmitglieder aller Altersstufen. Wenn die Bindungskräfte schon länger erodiert waren, müssen möglicherweise auch einige Durststrecken durchwandert werden. Unsere Fallbeispiele legen nahe, dass es etwa fünf bis zehn Jahre aktiven Familienmanagements braucht, um eine rege, interaktive Kommunikation innerhalb der Unternehmerfamilien-Gemeinschaft auf den Weg zu bringen. So etwas kann man nicht „anordnen“, es geht eher um die Entfaltung einer kommunikativen Familienkultur.[8] Ähnlich wie in der Erwachsenenbildung ist hier eine „Ermöglichungsdidaktik“ gefragt.[9] Durch sie können Kompetenzen reifen, die sich aus der Begeisterung für das gemeinsame Unternehmen und seine großartige Familiengemeinschaft nähren. Diese Begeisterung kann helfen, sich die zu erlernenden Themen und Fähigkeiten aus eigenem Interesse heraus (und mit aktiver Unterstützung) anzueignen. Die Kunst des Familienmanagements besteht darin, hier Rahmenbedingungen bereitzustellen, dass diese Qualitäten, die nur in Selbstorganisation, also freiwillig und von sich aus entstehen, sich entfalten können.

e) Family-Investor-Relations als unterstützende Organisationseinheit etablieren

Stellen der Zusammenhalt der dynastischen Unternehmerfamilie und die Sicherstellung der Entscheidungsfähigkeit die primäre Zielsetzung des Familienmanagements dar, ist in Bezug auf die vielfältigen in diesem Zusammenhang anfallenden Aufgaben (u. a. steuerliche, familienrechtliche und vermögensbezogene Unterstützungsleistungen) die Errichtung einer eigenen Organisationseinheit anzuraten, deren Aufgabe sich mit dem Begriff „Family Investor Relations“ beschreiben lässt. Neben der Unterstützung des Familiengremiums bei der Vermittlung der Unternehmensstrategie, der aktuellen Markt- und Wettbewerbsdynamiken und der wirtschaftlichen Erfolgskennzahlen sind durch diese Einheit die Maßnahmen zu unterstützen oder durchzuführen, bei denen es um die Abwicklung der vielfältigen spezifischen Einzelfragen eines jeden Familienmitgliedes der dynastischen Unternehmerfamilie geht. Die hier notwendigen Aufgaben, Strukturen und Kompetenzen sind umfangreich und doppelgesichtig. In den am Projekt teilnehmenden Unternehmerfamilien

[8] Wir folgen hier den Überlegungen von Luhmann (2000) über Organisationskultur. Diese entsteht seiner Ansicht nach da, „wo Probleme auftauchen, die nicht durch Anweisungen gelöst werden können“, und zwar: „wie von selbst“ (2000, S. 241 und 243).

[9] Arnold & Schüßler (2003).

wurde das Familienmanagement daher von einzelnen Personen (meist juristische oder steuerliche Spezialisten) bzw. ganzen Teams professionell unterstützt. Beim Aufbau entsprechender Organisationseinheiten ist grundsätzlich zu klären, ob entsprechende Einheiten aufseiten des Unternehmens (z. B. als Gesellschafter-Büro) oder bei einer eigenständigen Organisation der Gesellschafter (z. B. als Family Office) angesiedelt werden sollen.

f) Psycho-soziale Kompetenzen zum Management von Bindung und Zusammenhalt aufbauen
In der Praxis wird es oft als ausreichend angesehen, wenn langjährige Erfahrungen als Gremienmitglied vorliegen oder ein gewachsenes Vertrauen der Familie besteht. Für die hier geforderten Steuerungs- und Führungsaufgaben der Familiengemeinschaft braucht es im Regelfall jedoch noch mehr Kompetenzen. Die klassischen Anforderungen bzw. Ausbildungen an ein Aufsichts- oder Beiratsmitglied sind natürlich auch für das Management einer großzahligen Unternehmerfamilie notwendig. Es ist überhaupt nicht in Abrede zu stellen, dass die Ausbildung der Mitglieder in Überwachungs- und Kontrollgremien, dem Fokus der Aufgabe entsprechend, primär auf betriebswirtschaftliche und juristische Faktoren des Unternehmens ausgerichtet ist. Doch es braucht auch kommunikatives und familiendynamisches Wissen und (sozial-) pädagogische Fähigkeiten im Umgang mit Familiarität und mit großen sozialen Strukturen (s. a. Kap. 5 und 6), jenseits betriebswirtschaftlicher und juristischer Kompetenzen. Angesichts der komplexen Familien-Strukturen der Großfamilien stellen sich an die Gesellschafterkompetenz besondere Aufgaben.[10] Die aktiven Mandatsträger sollten daher über basale Kenntnisse verfügen zu:

- typischen Dynamiken in Unternehmerfamilien,[11]
- Entwicklungsstufen und verschiedenen Systemlogiken,[12]
- Grundlagen der Kommunikation,[13]
- Konfliktdynamiken in Unternehmerfamilien/Mediation,[14]
- Grundkenntnissen der Moderation großer Gruppen.[15]

---

[10] Auch Rüsen & Heider (2020).

[11] Kleve (2020a), v. Schlippe (2020). Es empfiehlt sich für das Verständnis der Frage, wie in Familien die Mitglieder einander hinsichtlich eigener und fremder Verdienste und Verpflichtungen beobachten, sich mit den Ausführungen von Stierlin (2005) zu befassen.

[12] Kleve (2020b).

[13] Plate (2013), Kleve (2021).

[14] Kellermanns & v. Schlippe (2012), v. Schlippe (2014).

[15] Z. B. Witte (2012).

Soll die dynastische Unternehmerfamilie professionell durch ein entsprechendes Familiengremium gemanagt werden, so müssten neben den für die Überwachung und strategische Steuerung des Unternehmens zuständigen Familienmitgliedern systematisch auch Personen vertreten sein, die über entsprechende Ausbildungen, Fähigkeiten und vor allem Erfahrungen verfügen. Ein Anforderungsprofil der zu erfüllenden Voraussetzungen für diese zweite wichtige Säule des Managements dynastischer Unternehmerfamilien könnte dementsprechend ein soziologisches, psychologisches oder sozialpädagogisches Studium beinhalten, zumindest ist aber der Erwerb vertiefter Kenntnisse in den genannten Feldern anzuraten.[16] Gerade im Umgang mit zwischenmenschlichen Konfliktdynamiken können recht unvorhergesehen moderative Kompetenzen und Hintergrundwissen abgefordert werden, so dass Aus- und Weiterbildungen etwa in Mediation, Gruppendynamik, gewaltfreier Kommunikation oder allgemeine Kommunikationstrainings anzuraten sind.

Ein sinnvoller erster Schritt zur Ausgestaltung eines auf die besonderen Bedürfnisse einer dynastischen Unternehmerfamilie zugeschnittenen Familienmanagements wäre die Ausformulierung eines Anforderungsprofils für das Gremium, dem diese Aufgaben obliegen. Auf dieser Grundlage könnten dann (analog der Logik von High-Performance-Teams) entsprechende Einzelpersonen für die jeweilig abzubildenden Kompetenzfelder ausgesucht werden.

Ein solchermaßen heterogen aufgestelltes Familienmanagement-Team der dynastischen Unternehmerfamilie bildet sowohl die unternehmerisch relevanten, als auch die für den Familienzusammenhalt notwendigen Kompetenzen und Fähigkeiten ab. Der Teil des Familienmanagements, der sich den Bedürfnissen innerhalb der Familiengemeinschaft widmet, ist dabei dann weniger auf das Erfüllen basisdemokratischer Mitbestimmungsideen oder individueller Bedürfnislagen im Einzelfall gerichtet. Er stellt eine systematische Organisation von Ansprache- und Reflexionsmöglichkeiten innerhalb des größeren Familienkreises zur Verfügung. Die „Family-Investor-Relations-Einheit" erweitert ihr Aufgabenspektrum damit um sozialpädagogisch-psychologische Aufgaben mit dem Ziel, die „Familiness", die Familienhaftigkeit, die die Gesellschafterfamilie als Ressource für das Unternehmen bereitstellt (s. o.), langfristig auch über die Mitglieder der dynastischen Unternehmerfamilie sicherzustellen.

[16] Angesichts der erwähnten Herausforderung, engagierte Mitglieder für Gremienarbeit zu gewinnen, ist es natürlich alles andere als selbstverständlich, dass Personen mit genau diesem Hintergrund in größerer Menge zur Wahl stehen.

g) Professionelle Mitgliederverwaltung etablieren
Und schließlich gibt es auch weitergehende Aufgaben, wenn es darum geht, einen großen Kreis von Personen zu verwalten. Zunehmend mehr kommen hier professionelle Programme zur digitalen Steuerung und Verwaltung der Unternehmerfamilie im Rahmen des Familienmanagements zum Einsatz.[17] Dabei werden im Rahmen des aktiven Managements des Familiennetzwerkes ähnliche IT-Lösungen wie im Unternehmen vorhandene Customer-Relationship-Management-Systeme zum Umgang mit Schlüsselkunden oder -lieferanten eingesetzt.

Das folgende Schema (s. Abb. 9.3) stammt aus einer der projektteilnehmenden Unternehmerfamilien. Es zeigt noch einmal sehr deutlich die Komplexität der verschiedenen administrativen Aufgaben. Es wird schnell erkennbar, dass ein hier tätig werdendes Familienmanagement nicht mehr „auf Zuruf" funktionieren kann, sondern einer aufwendigen Mitgliederverwaltung bedarf.

9.3 Patriarch, Chef oder „Kanzlerin" – Ansätze und Führungsverständnis des Familienmanagements

Zusammenfassend lässt sich sagen, dass dynastische Unternehmerfamilien zum Teil ähnliche, zu einem großen Teil aber auch ganz andere Fragen an Familienstrategie und Familienmanagement stellen als kleinere und mittlere Unternehmerfamilien. Während diese meist stark in der familiären Kommunikationslogik unterwegs sind, die sich im Medium von Liebe bzw. enger Bezogenheit bewegt, sind die großen Familiengemeinschaften eher als Netzwerke organisiert und von dem bevorzugten Kommunikationsmedium eher einer politischen Logik zuzurechnen. Man bezieht sich, wie oben gesagt, viel weniger auf Verwandtschaft, um etwas durchzusetzen. Das Kommunikationsmedium „Liebe" tritt langsam in den Hintergrund, die Verhandlungslogik von Netzwerken und Politik wird dominant. Dieser Wandel lässt sich ziemlich gut mit den veränderten Metaphern beschreiben, mit denen man die zentralen für das Umsetzen und „Leben" der Familienstrategie verantwortlichen Figuren und die von diesen typischerweise eingesetzten Steuerungs- und Führungsansätze bezeichnen kann. Je nach Entwicklungsstadium der jeweiligen Unternehmerfamilie 1.0, 2.0 und 3.0 (wie in Kap. 2 beschrieben) lassen die Personen und Funktionen sich wie in Tab. 9.1 skizziert beschreiben.

[17] Ausführlich zu Formen des digitalen Familienmanagements: Rüsen (2021).

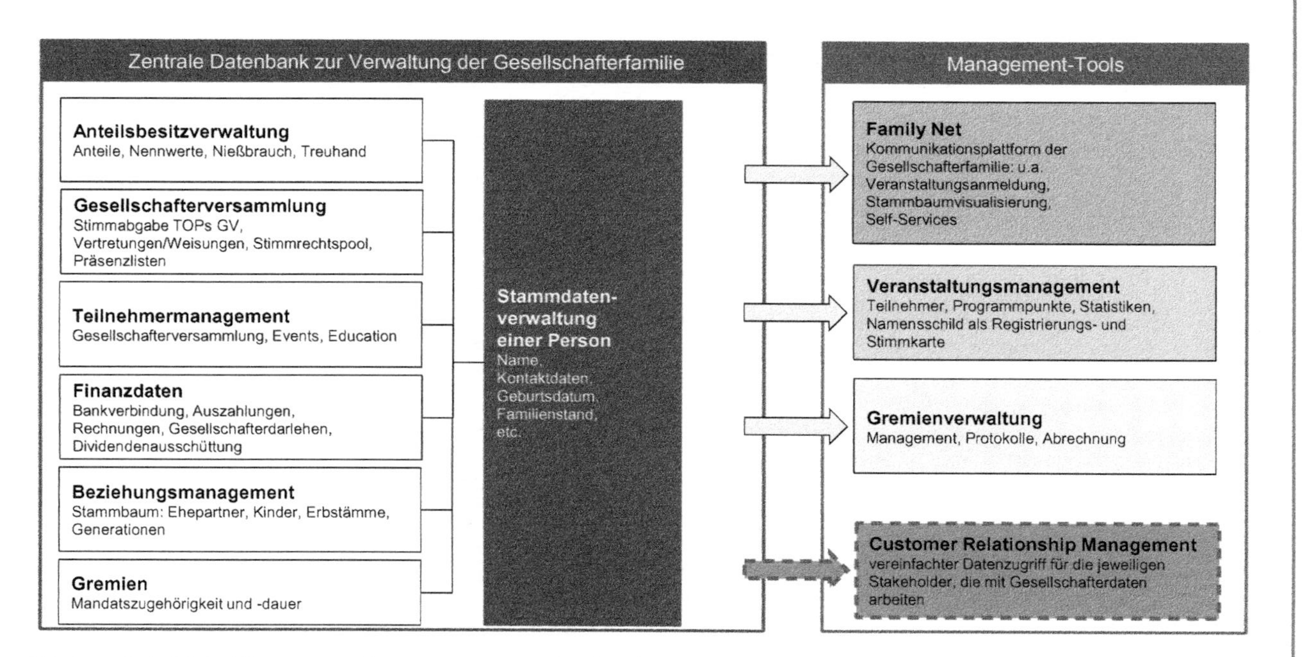

Abb. 9.3 Beispiel des IT-gestützten Managementsystems für die Mitglieder einer dynastischen Unternehmerfamilie. (Quelle: Projektteilnehmer (anonym))

Tab. 9.1 Unterschiedliche Führungstypen und Anforderungen an das Familienmanagement

Komplexitätsgrad der Unternehmerfamilie	Primäres Kommunikationsmedium	Prozess der Familienstrategie	Aufgaben des Familienmanagements
Unternehmerfamilie 1.0 (Gründer-/Kleinfamilie)	Liebe, Bezogenheit (familiäre Logik)	Stark intuitiv und personenorientiert, auf eine zentrale Figur ausgerichtet	FamilienmanagerIn ist eher Elternfigur (oder dieser direkt verantwortlich) und wirkt als solche in die Familie hinein
Unternehmerfamilie 2.0 (formal organisierte Unternehmerfamilie)	Liebe, Bezogenheit (familiäre Logik) mit Elementen organisationaler Logik	Zunehmend strukturiert, zielt darauf ab, das Engagement der Mitglieder zu wecken, wachzuhalten und zu kanalisieren	FamilienmanagerIn ist nicht mehr Elternfigur, eher Chef einer sich formierenden Organisation
Unternehmerfamilie 3.0 (dynastische Unternehmerfamilie)	Macht/Netzwerk/Recht (politische Logik)	Rahmen ist meist recht stabil, Kernthema ist das Aufrechterhalten von Identifikation und Engagement	FamilienmanagerIn agiert eher wie ein Politiker, der die verschiedenen Subnetzwerke zusammenhält, sich in ihnen orientiert und für das Zusammenwirken des Ganzen sorgt – eher „Kanzler“ als „Chef“; Formen des Netzwerkmanagements sind integraler Bestandteil des Familienmanagements

Auch wenn die hier behandelten Unternehmerfamilientypen nach wie vor durch die Klammer der Verwandtschaft (in der Definition durch den Gesellschaftsvertrag) zusammengehalten werden, ist diese zunehmend weniger tragfähig, die Beziehungen sind relativ distanziert. Die Dynamik der Bindungskommunikation ist weniger stark, die Kommunikation bewegt sich zunehmend in der Austauschlogik des Netzwerks: Geben und Nehmen. Dementsprechend erfordert das tägliche Praktizieren der Familienarbeit eher „politische“ Formen von Familienmanagement.

Family Governance in dynastischen Unternehmerfamilien ist damit ein bisschen wie *„Surfen auf verschiedenen Ebenen“*, wie einer unserer Forschungspartner sagte, *„man muss die große Gruppe immer als ein Ganzes betrachten, aber zugleich jedes einzelne Mitglied und jede einzelne Kernfamilie innerhalb der Großfamilie im Blick behalten“*. Diese besondere Art von Netzwerk erfordert, dass die Verwandtschaftsbeziehungen immer wieder in Erinnerung gerufen werden – denn diese Grundlage ist ja das Einzige, was diesen großen Kreis noch von einer Investorengemeinschaft unterscheidet. Je mehr die Familienmitglieder das Gefühl haben, sich selbst überlassen und als reine Dividendenempfänger behandelt zu werden, desto eher wird die Antwort in einem Nachlassen des Interesses an der Community oder innerhalb des Netzwerkes bestehen. Der Zusammenbruch der Familiengemeinschaft ist die Bedrohung, der eine dynastische Familienstrategie (und möglicherweise diese Familienform mehr als andere) jeden Tag systematisch entgegenarbeitet. Daher ist es von noch größerer Bedeutung, den Fliehkräften entgegenzuwirken und den Gesellschaftern viele Möglichkeiten zu eröffnen, sich mit dem familiären Netzwerk zu identifizieren und sich dort zu engagieren.

9.4 Fazit

Die Kernaussage dieses Buches ist es, dass das Management einer dynastischen Unternehmerfamilie neben vielen anderen Aufgaben darin besteht, Netzwerke und Netzwerkdynamiken kompetent zu handhaben. Zusammenfassend erläutern wir in der nun folgenden Schlussbemerkung, in „Zehn Geboten“, welche Perspektiven wir als Autorenteam für zentral erachten in Bezug auf das Management in dynastischen Unternehmerfamilie.

Literatur

Arnold, R., & Schüßler, I. (2003). *Ermöglichungsdidaktik*. Schneider.

Hueck, T. (2017). *Die Familienverfassung – Rechtliche Konturen eines Instruments der Governance in Familienunternehmen.* Mohr Siebeck.

Kellermanns, F. W., & Schlippe, A. v. (2012). Konflikte in Familie und Unternehmen erkennen, managen und vermeiden. In A. Koeberle-Schmidt, H.-J. Fahrion, & P. Witt (Hrsg.): *Family Business Governance. Erfolgreiche Führung von Familienunternehmen* (S. 429–441). Schmidt.

Kleve, H. (2020a). *Die Unternehmerfamilie. Wie Wachstum, Sozialisation und Beratung gelingen.* Carl Auer Systeme.

Kleve, H. (2020b). Entwicklungsstufen und Systemlogiken in Unternehmerfamilien. In T. A. Rüsen & A. Heider (Hrsg.), *Aktive Eigentümerschaft in Familienunternehmen – Gesellschafterkompetenz in Unternehmerfamilien entwickeln und anwenden* (S. 175–191). Schmidt.

Kleve, H. (2021). *Kommunikation in der Unternehmerfamilie. Methoden professioneller Gesprächsführung: für gelingendes Verstehen.* Praxisleitfaden des Wittener Instituts für Familienunternehmen (WIFU). WIFU.

Luhmann, N. (1984). *Soziale Systeme. Grundriss einer allgemeinen Theorie.* Suhrkamp.

Luhmann, N. (2000). *Organisation und Entscheidung.* Westdeutscher.

May, P. (Hrsg.). (2015). *Der Governance Kodex für Familienunternehmen. Leitlinien für die verantwortungsvolle Führung von Familienunternehmen und Unternehmerfamilien.* http://www.kodex-fuer-familienunternehmen.de/ (letzter Abruf 3.4.2021; der Kodex wird regelmäßig aktualisiert).

Plate, M. (2013). *Grundlagen der Kommunikation.* Vandenhoeck & Ruprecht.

Rüsen, T. A. (2021). Management der Unternehmerfamilie 4.0 – Formen eines digitalisierten Familienmanagements und Ansätze den Austausch und Zusammenhalt in einer Lockdown-Situation zu organisieren. *FuS – Familienunternehmen und Strategie, 11*(2), 42–48.

Rüsen, T. A., & Heider, A. (Hrsg.). (2020). *Aktive Eigentümerschaft in Familienunternehmen – Gesellschafterkompetenz in Unternehmerfamilien entwickeln und anwenden.* Schmidt.

Schlippe, A. v. (2014). *Das kommt in den besten Familien vor. Systemische Konfliktberatung in Familien und Familienunternehmen.* Concadora.

Schlippe, A. v. (2020). Die Unternehmerfamilie – Eine Spezies für sich. In T. A. Rüsen & A. Heider (Hrsg.), *Aktive Eigentümerschaft in Familienunternehmen – Gesellschafterkompetenz in Unternehmerfamilien entwickeln und anwensen* (S. 159–173). Schmidt.

Schlippe, A. v., Groth, T., & Rüsen, T. A. (2017). *Die beiden Seiten der Unternehmerfamilie. Familienstrategie über Generationen. Auf dem Weg zu einer Theorie der Unternehmerfamilie.* Vandenhoeck & Ruprecht.

Stierlin, H. (2005). *Gerechtigkeit in nahen Beziehungen.* Carl Auer Systeme.

Weismeier-Sammer, D., Frank, H., & Schlippe, A. v. (2013). Untangling familiness: A literature review and directions for future research. *The International Journal of Entrepreneurship and Innovation, 14*(3), 165–177.

Witte, E. (2012). *Gruppen aufgabenzentriert moderieren. Theorie und Praxis.* Hogrefe.

10 Schlussbemerkung

Zu guter Letzt: Die „zehn Gebote" des Familienmanagements in dynastischen Unternehmerfamilien

Wissenschaftliche Forschung verfolgt das Ziel, den Erkenntnisfortschritt anzustoßen, also an bestehende Forschungen anzuschließen und diese so zu erweitern, dass Forschungslücken geschlossen und damit bisher unbeantwortete Fragen geklärt werden. Hierzu soll unser Buch einen Beitrag leisten. Was wir jedoch ebenso intendieren, ist, einen konstruktiven Beitrag für die Praxis des Managements und der Gestaltung von dynastischen Unternehmerfamilien zu liefern. Daher schließen wir unsere Ausführungen mit zehn „Imperativen" ab, die, im Sinne von Empfehlungen, all jene anregen und bestärken sollen, die in großzahligen oder dynastischen Unternehmerfamilien Verantwortung tragen. Die folgenden Kernbotschaften sind aus unserer langjährigen Forschung in diesem Themenfeld gewonnen. Sie komprimieren zentrale Erkenntnisse, die in den Kapiteln dieses Buches ausführlich präsentiert worden sind.

1. **Verstehen Sie Ihre dynastische Unternehmerfamilie als komplexes Sozialsystem, in dem sich drei Formen sozialer Beziehungen miteinander verbinden: die Kleinfamilie (Unternehmerfamilie 1.0), die formal organisierte Unternehmerfamilie (Unternehmerfamilie 2.0) und das weit verzweigte Familiennetzwerk (Unternehmerfamilie 3.0)!**

Die Komplexität dynastischer Unternehmerfamilien geht vor allem mit zwei Entwicklungen einher: zum einen mit dem Zuwachs an Gesellschaftern in jeder neuen Generation, zum anderen mit den mindestens drei unterschiedlichen Arten von Beziehungen, die diese Personen zueinander haben. Im weit verzweigten Familiennetzwerk sind das *erstens* lockere Verwandtschaftsbeziehungen, die jedoch bestenfalls auf eine gemeinsame Perspektive hin ausgerichtet sind, die mithin die Identität einer dynastischen Familiengemeinschaft und einer gemeinsamen

T. A. Rüsen et al., *Management der dynastischen Unternehmerfamilie*,
https://doi.org/10.1007/978-3-662-63500-1_10

Historie teilen. *Zweitens* stehen die Familienmitglieder in formal organisierten eigentumsrechtlichen Beziehungen und Investitionsstrategien zueinander, die von Governance-Strukturen flankiert und getragen werden. Und schließlich zeigen sich *drittens* enge emotionale Beziehungen in den Kleinfamilien oder in noch vorhandenen Stammesbindungen. Hinsichtlich dieser drei unterschiedlichen Sozialformen (Familie, Organisation und Netzwerk) der dynastischen Unternehmerfamilie ergeben sich jeweils andere Herausforderungen, sind unterschiedliche Handlungsstrategien erforderlich. Es sind die drei Kompetenzbereiche, die von den Verantwortungsträgern zu erwarten sind:

- Emotionale und wertbasierte Familienorientierung, die es der Unternehmerfamilie ermöglicht, die Spannungen und Paradoxien zwischen Familie und Unternehmen auszuhalten,
- Governance-Klarheit, die die Familienhaftigkeit durch die Einführung formaler Organisationsstrukturen sichert und
- die Fähigkeit, komplexe Netzwerkarbeit zu leisten.

2. **Seien Sie sich bewusst, dass eine dynastische Unternehmerfamilieneben der formalen Struktur der Family Governanceauch eine gemeinschaftliche Familienkulturentwickelt, die zu ihrer Erhaltung nachhaltig gepflegt werden muss!**

Wer auf Komplexität in passender Weise reagiert, führt in der Regel transparente Strukturen ein, die Überschaubarkeit, Planbarkeit und Verantwortlichkeit gewährleisten. Daher dienen solche Strukturen dazu, die Risiken für das Auftreten von Konflikten oder für den Zerfall der Gemeinschaft zu minimieren und stellen die Rahmenbedingungen für die (paradoxe) Aufgabe bereit, die die Gesellschafterfamilie zu erfüllen hat: eine Organisation zu werden (Unternehmerfamilie 2.0), um Familie bleiben zu können (Unternehmerfamilie 1.0 und 3.0). Nur so kann die Entscheidungsfähigkeit für Unternehmen und Familie sichergestellt werden. Aber diese strukturelle Organisation der dynastischen Unternehmerfamilie ist nicht ausreichend, um die Familiengemeinschaft zu pflegen. Das, was eine Familie ausmacht, liebevoller Zusammenhalt (oder zumindest das Bemühen darum) und Zusammengehörigkeitsgefühle, stellen sich in einer Kleinfamilie von selbst ein. In einer großen Gemeinschaft, der Unternehmerfamilie 3.0, braucht es bewusste Arbeit, um das „Wir“ zu pflegen, Traditionen, Werte und Loyalitäten zu behüten, zu stützen und transgenerational weiter zu tragen. Daher sollte der Blick mindestens gleichwertig auf die Familienkultur gelegt werden. Denn eine positive

„Familiness“ ist die wesentliche Ressource, die die Familie für das Familienunternehmen bereitstellt. Damit sind alle basalen Verhaltensmuster sowie Denk- und Gefühlsdimensionen gemeint, die eine Familiengemeinschaft prägen und selbst kaum jemals infrage gestellt werden. Familienkultur ist das, worüber wir kaum explizit verfügen, was sich immer wieder „hinter unseren Rücken“ herstellt und als sozio-moralische Einbettung des Alltags wirkt. Familienrepräsentanten sollten eine hohe Sensibilität für diese Aspekte besitzen und ausbilden. Dann können sie sich bewusst darauf beziehen, etwa Rituale, Familienfeste oder andere Gelegenheiten nutzen, um förderliche Entwicklungen zu stärken. Während die Struktur bestenfalls Sicherheit gibt, sorgt Kultur für gemeinschaftliche Identität und Vertrauen.

3. **Sehen Sie gezielt das Management von Netzwerken zur Gestaltung der dynastischen Unternehmerfamilie als Ihre Aufgabe an! Initiieren, knüpfen und halten Sie Beziehungen, verbinden Sie relevante Personen miteinander und sorgen Sie dafür, dass sich die Bindungskräfte von Geben und Nehmen ausbreiten können!**

Netzwerkarbeit ist vor allem die Anregung von Beziehungen, die Verknüpfung von Personen, die sich etwas zu sagen haben oder miteinander kooperieren und kollaborieren könnten. Um den Zusammenhalt der dynastischen Unternehmerfamilie zu stärken, reichen klassische an der Governance orientierte Aktivitäten, wie Gesellschafterversammlungen oder Unternehmerfamilientreffen, allein nicht aus. Darüber hinaus sollten den vielen Gesellschaftern aller Altersgruppen Gelegenheiten geboten werden, miteinander in Kontakt zu kommen, sich intensiver kennen und schätzen zu lernen. Solche Gelegenheiten könnten organisierte Veranstaltungen für Kinder und Jugendliche sein oder regionale Netzwerktreffen, in denen unternehmens-, familien- oder auch vermögensbezogene Themen auf der Tagesordnung stehen. Bestenfalls sind solche Netzwerkbeziehungen transgenerational angelegt, verbinden Menschen aller lebenden Familiengenerationen miteinander und beziehen sich zudem auf die Ahnen und die Nachkommen. Denn das, was die dynastische Unternehmerfamilie zusammenhält, sind zwar immer auch wirtschaftliche Interessen. Aber eingebettet sind diese in Gefühle der Loyalität, Verpflichtung und Verantwortung füreinander sowie für das Unternehmen und das gemeinsame Familiennetzwerk.

4. **Sorgen Sie dafür, dass Familienmitglieder, die sich für die dynastische Unternehmerfamilie formal oder informal engagieren, entsprechende Anerkennung bekommen – als Gremienvertreter etwa durch angemessene Entlohnung und als „ehrenamtlich" Engagierte durch Formen der sozialen Würdigung und Wertschätzung!**

Wer etwas gibt, erwartet einen Ausgleich dafür, etwa „Gegengaben" wie Geld, Anerkennung oder etwas anderes, was als angemessen bewertet wird. Während Leistungen in der Kleinfamilie durch emotionale Verpflichtungen, enge Bindungen und aufeinander ausgerichtete Fürsorglichkeit ausgeglichen werden, wird in formalen Organisationsstrukturen finanzielle Entlohnung beansprucht. Das gilt auch für die Aktivisten in den Gremien der dynastischen Unternehmerfamilie. Wer dort eine Position einnimmt, eine Funktion erfüllt, kann neben der jährlichen Ausschüttung eine angemessene Vergütung erwarten. Die Frage, was diesbezüglich als angemessen bewertet wird, hängt von den Traditionen der Familie genauso ab, wie von den jeweiligen Erwartungen sowie dem Einsatz von Zeit, Energie und Leistungsbereitschaft. Bestenfalls werden dazu in der Familienstrategie/-verfassung klare Festlegungen getroffen. Wer sich im Familiennetzwerk „ehrenamtlich" engagiert, sich aktiv einbringt, möchte ebenfalls einen Ausgleich bekommen. Die Ausgleichslogik in der Familie besteht mindestens im Dank, der ganz unterschiedlich aussehen kann, aber jedenfalls als explizit ausgesprochene Würdigung und Wertschätzung zum Ausdruck kommen sollte.

5. **Achten Sie bei der Kompetenzentwicklung und Auswahlvon Verantwortungsträgern neben den relevanten betriebswirtschaftlichen Managementfähigkeiten ebenso auf die psycho-soziale Expertise, insbesondere auf die Bereitschaft zur Empathie, den Aus- und Aufbau von Kommunikationsfähigkeiten sowie von Komplexitäts- und Paradoxiefreundlichkeit!**

Neben den klassischen Managementfähigkeiten, die aus der Betriebswirtschaft oder auch der Jurisprudenz kommen, erstrecken sich die Kompetenzen von Protagonisten der dynastischen Unternehmerfamilien auch auf psychologisches und sozialpädagogisches Know How. Wer hier in der Verantwortung steht, sollte über ausgeprägte psycho-soziale Kompetenzen verfügen, die einerseits charakterlich mitgebracht werden, andererseits aber auch angeeignet oder ausgebaut werden können. Zu den Kernfähigkeiten zählen hier die Beherrschung von kommunikativen Methoden professioneller Gesprächsführung, die Fähigkeit der Moderation spannungsreicher Dynamiken und das empathische Gespür für die unterschiedlichen Bedürfnisse der vielen diversen Menschen in der dynastischen

Unternehmerfamilie. So geht es darum, mutig Themen anzusprechen, Konflikte auszuhalten, auszutragen und einvernehmlich zu klären, um schließlich immer wieder für Klarheit, Transparenz, Vertrauen und Ausgleich zu sorgen.

6. **Sehen Sie Ihre dynastische Unternehmerfamilieals eine „politische" Gemeinschaft, in der neben familiärer Orientierung sowie Loyalitäthinsichtlich der Tradition des Familienunternehmens eine breite demokratische Partizipationund Legitimierung der Gremien und deren Vertreterinnen und Vertreter notwendig sind!**

Menschen wollen partizipieren, sie wollen gesehen und einbezogen werden, kurz: in sozialen Gemeinschaften Einbindung erfahren. Wer zur Familie, zum Gesellschafterkreis oder auch zu bestimmten Gremien und Gruppen dazugehört, hat das Recht, gehört zu werden und möchte für die Gemeinschaft, aber auch für sich selbst wirksam werden. Daher sollten Familienrepräsentanten eine passende Balance zwischen hierarchischer Entscheidungsfähigkeit und partizipativer Einbeziehung der „Basis" realisieren. Beides ist notwendig: Entscheidungen sind einerseits von Verantwortungsträgern zu treffen und kollektiv verbindlich durchzusetzen; andererseits sollten Entscheidungen von denen mit vorbereitet werden, die das demokratische Recht dazu haben sowie die Entscheidungsergebnisse mittragen müssen. Neben dieser entscheidungsorientierten, also formalen Partizipation ist der sensible Einbezug der Mitglieder der dynastischen Unternehmerfamilie ein zentraler Garant für die Stärkung von Identität, Vertrauen und Loyalität und kann damit nicht hoch genug eingeschätzt werden.

7. **Seien sich darüber bewusst, dass in den KleinfamilienIhrer dynastischen Unternehmerfamilie Muster und Traditionenweitergegeben werden, etwa professionelles Engagement sowie die Bereitschaft und Erwartung, relevante Gremienpositionen zu übernehmen. Achten Sie aber auch auf kompetente Potentialträgeraußerhalb bereits engagierter Kleinfamilien oder Familienzweige!**

In engen sozialen Beziehungen, insbesondere in Kleinfamilien, werden Traditionen am intensivsten weitergetragen. Die Kinder treten in die Fußstapfen der Eltern, führen deren Präferenzen fort, übernehmen (unbewusste) Aufträge und tragen diese in ihre eigene Zukunft. In dynastischen Unternehmerfamilien zeigt sich das daran, dass sich in bestimmten Kleinfamilien oder Familienzweigen

TrägerInnen von spezifischen Funktionen häufen. Bereits die Mutter hatte beispielsweise eine Gremienfunktion, die nun auch deren Tochter anstrebt. Dies sollte einerseits geachtet und gepflegt werden, da es als eine Form der Nachfolge positive Potenziale und Kompetenzverstärkungen entfalten kann. Andererseits geht es darum, die Unternehmerfamilie zugleich für Potenzialträger aus bisher vielleicht eher zurückhaltenden Familienteilen offenzuhalten, oder auch diese gezielt zu fördern und zur Funktionsübernahme zu ermutigen. Auch hier ist die Orientierung an breiter Partizipation ausschlaggebend. Eine Strategie dafür ist beispielsweise der Aufbau und die Pflege eines „Kandidatenpools" von interessierten und kompetenten Familienmitgliedern, die Gremienpositionen anstreben.

8. **Halten Sie Familienmitglieder bzw. Gesellschafter, die aus der Gemeinschaft der dynastischen Unternehmerfamilie durch Verkauf ihrer Anteile ausscheiden wollen, nicht grundsätzlich von diesem Ziel ab, sondern sorgen Sie dafür, dass solche „Austritte" wirtschaftlich tragbar und prinzipiell möglich sind!**

Auch wenn Austritte aus der Gesellschaftergemeinschaft durch Verkauf der Anteile kostspielig und enttäuschend sein mögen, können diese niemals gänzlich verhindert werden. Zu starke Verhinderungsversuche *(„Vermögensknast")* könnten sogar eher das Gegenteil bewirken, wenn sich Mitglieder der Gemeinschaft eingeengt und bevormundet fühlen. Es scheint viel sinnvoller zu sein, den Anteilsverkauf zu antizipieren und durch liquiditätsschonende Austrittsregelungen dafür zu sorgen, dass die verbleibende Eigentümergemeinschaft den Ausstieg einzelner wirtschaftlich verkraften kann bzw. die Unabhängigkeit des Familienunternehmens nicht gefährdet wird. Denn dies ermöglicht jedem Gesellschafter die eigene Entscheidung für den Verbleib in der Gemeinschaft und führt paradoxerweise dazu, dass der Zusammenhalt und die Loyalität gestützt werden. Das, was Menschen nicht müssen, können sie aus freien Stücken entscheiden, etwa den bewussten Verbleib in der transgenerational ausgerichteten Eigentums- und Familiengemeinschaft.

9. **Entwickeln Sie kontinuierlich die Fähigkeiten und Potentiale der Gesellschafter und der gesamten dynastischen Unternehmerfamilie weiter, indem Sie die drei Dimensionender Kompetenzentwicklung adressieren: Auf- und Ausbau von Wissen (kognitive Dimension), Pflege der gemeinschaftlichen Vertrauenskultur (emotionale Dimension) und Vermittlung von Handlungskompetenzen zur Kontrolle und strategischen Begleitung des Unternehmens sowie zum Management und zur Gestaltung der großzahligen Familiengemeinschaft (aktionale Dimension)!**

Nicht nur verantwortliche Gremienpositionen sind in dynastischen Unternehmerfamilien mit Herausforderungen konfrontiert, die breite Kompetenzen erfordern. Vielmehr geht all das, was in diesen Familien dem Erhalt, der Fortführung sowie dem quantitativen und qualitativen Wachstum des Familienunternehmens dient, mit der Notwendigkeit hoher Verantwortungsbereitschaft und der Fähigkeit einher, diese auch zu tragen. Um diesen Aufgaben als aktive und kompetente Familiengesellschafter gerecht zu werden, ist Wissen erforderlich. Die Möglichkeiten, sich dieses anzueignen, sollte die dynastische Unternehmerfamilie ihren Mitgliedern in professioneller Weise zur Verfügung stellen. Zugleich geht es darum, das Vertrauen in der Gemeinschaft zu pflegen, wozu ebenfalls jedes Familienmitglied beitragen kann. Und schließlich agieren Gesellschafterinnen im Innern der Familie wie im Außen (etwa bezüglich des Unternehmens und der Öffentlichkeit) so, dass sie ihrem privilegierten Status, Gesellschafter eines erfolgreichen Familienunternehmens bzw. Mitglied einer renommierten dynastischen Unternehmerfamilie zu sein, in konsequenter Weise, also mit hoher Verantwortung, gerecht werden.

10. **Sorgen Sie dafür, dass die Gremienvertreter bzw. die Repräsentanten Ihrer dynastischen Unternehmerfamilie von einer breiten Basis der Familie getragen werden, und vermeiden Sie den Gesichtsverlust nicht gewählter Kandidaten in diesem Zusammenhang!**

Die demokratische Legitimation der Funktions- und Verantwortungsträger der dynastischen Unternehmerfamilie sichert sowohl die familiäre Partizipation als auch das Selbstbewusstsein und Akzeptanzgefühl der gewählten Repräsentanten. Um die Identifizierung der Familienmitglieder mit der Gemeinschaft zu stärken, sollten Personen Funktionen und Positionen übernehmen, die über einen breiten Rückhalt verfügen. Dieser wird vor allem durch Wahlen in wiederkehrenden Abständen überprüft, erneut bestätigt oder auch korrigiert. Daher ist das Ausscheiden von Funktionsträgern, die aus welchen Gründen auch immer nicht mehr von der Familiengemeinschaft legitimiert werden, ebenfalls wichtig, um die Unternehmerfamilie flexibel und lernfähig zu halten. Hierbei ist es unerlässlich, dass die Wahlen so vorbereitet, organisiert und durchgeführt werden, dass Personen mit großer Unterstützung antreten und solche Familienmitglieder sich nicht (mehr) zur Wahl stellen, deren Rückhalt sich verringert hat. So können auch problematische „Niederlagen" oder ein „Gesichtsverlust" vermieden werden. Demnach ist es schließlich wichtig, ein professionelles „Enttäuschungsmanagement" aufzubauen (konkret wird dies in verschiedenen, intensiven Gesprächen mit den entsprechenden Personen bestehen sowie in Formen von ausgedrücktem Dank und von Wertschätzung). Denn dort, wo viel erwartet wird, die jeweiligen Protagonisten und die Gemeinschaft hohe Ansprüche an sich selbst sowie aneinander haben, sind Enttäuschungen nicht zu vermeiden; auch diese sollten psychosozial sensibel sowie klug be- und verarbeitet werden. Das ist ein entscheidender Garant für die Stärkung der Resilienz, mithin der Widerstandsfähigkeit der dynastischen Unternehmerfamilie.

Stichwortverzeichnis

T. A. Rüsen et al., *Management der dynastischen Unternehmerfamilie*,
https://doi.org/10.1007/978-3-662-63500-1